U0152548

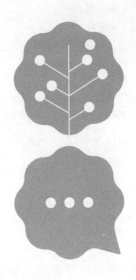

走向生命的
现象学

米歇尔·亨利访谈录

Entretiens

Michel Henry

[法]米歇尔·亨利 著

邓刚 译

中国出版集团 东方出版中心

图书在版编目（CIP）数据

走向生命的现象学：米歇尔·亨利访谈录 /（法）
米歇尔·亨利著；邓刚译. －上海：东方出版中心，
2023.9

ISBN 978-7-5473-2235-2

Ⅰ. ①走… Ⅱ. ①米… ②邓… Ⅲ. ①亨利(Henry,
Michel 1922-2002) – 现象学 – 研究 Ⅳ. ①B565.59

中国国家版本馆CIP数据核字（2023）第130834号

Entetines
By Michel Herny
Copyright © Éditions Sulliver, 2007
Simplified Chinese rights arranged by Cristina Prepelita Chiarasini,
Literary Agent, 64, rue de Sèvres, 75007, Paris, France
Simplified Chinese Translation copyright ©2024 by Orient Publishing Center.
ALL RIGHTS RESERVED.

上海市版权局著作权合同登记：图字09-2023-0677

走向生命的现象学：米歇尔·亨利访谈录

作　　者　[法]米歇尔·亨利
译　　者　邓　刚
责任编辑　陈哲泓
装帧设计　赤　祥

出 版 人　陈义望
出版发行　东方出版中心
地　　址　上海市仙霞路345号
邮政编码　200336
电　　话　021-62417400
印 刷 者　上海万卷印刷股份有限公司

开　　本　890mm×1240mm　1/32
印　　张　7
字　　数　136千字
版　　次　2024年1月第1版
印　　次　2024年1月第1次印刷
定　　价　59.80元

目 录

译者前言

米歇尔·亨利（Michel Henry，1922—2002）是当代法国哲学的重要人物，他的思想被称为生命现象学、物质现象学等。在第二次世界大战之后，法国哲学界先后出现了萨特、梅洛-庞蒂、列维纳斯、利科等杰出的现象学家，他们分别以独创方式发展了胡塞尔和海德格尔的现象学观点和方法，并且各自创建了自己的哲学。1943 年，萨特的《存在与虚无》横空出世，如同魔法一般将德语现象学引入法国思想界和文化界。梅洛-庞蒂、利科将德语现象学与法国原有的思想传统有机地结合在一起，从而使法语现象学呈现出后来居上的景象。米歇尔·亨利与他们类似，也是基于胡塞尔现象学的沃土发展出极具个性和深刻洞见的现象学哲学。不过，由于亨利长期如隐士般生活在法国南部城市蒙比利埃，与文化中心巴黎保持适当的距离，因此他的主要著作尽管在 20 世纪 60 年代就已经出版，却并未引起同时代人的关注。

在 60 年代，存在主义与现象学渐渐退潮，结构主义与后结构主义、后现代主义相继兴起。60 年代以降，占据法国思想舞台中心的，是列维-斯特劳斯、福柯、拉康、德里达、德勒兹等学术明星，这也是后来风靡美国及全世界的"法国理论"的主要代表作家。进入 1990 年之后，亨利的著作与思想才开始受到越来越多学者的关注，马里翁（Jean-Luc Marion）、巴巴拉斯（Renaud Barbaras）、雅尼科（Dominique Janicaud）等现象学家都分别撰写过著作或文章对其思想进行探讨[1]。进入 21 世纪后，国际学界基本上公认亨利为二战后法国现象学的杰出代表之一[2]。

生平与著作

1922 年，米歇尔·亨利出生在越南的海防，当时的越南是法属印度支那的一部分。他的父亲是一位海军军官，在亨利出生仅仅 17 天后，就因为一场车祸逝世。1929 年，他的母亲带着亨利

---

[1] 参见雅尼科《法国现象学的神学转向》（*Le tournant théologique de la phénoménologie française*, Paris: Eclat, 2001）；巴巴拉斯《生命现象学导论》（*Introduction à la phénoménologie de la vie*, Paris: Vrin, 2008）。

[2] 汉语学界关于亨利的研究，可参见高宣扬、汪海全、崔伟锋、刘宏等人的论著，如高宣扬：《论米歇·昂利的生命现象学》，《北京大学学报》（哲学社会科学版），2011 年 02 期；江海全：《自我·他者与生命——米歇尔·亨利对胡塞尔交互主体性的反思与批判》，《现代哲学》，2016 年 01 期；崔伟锋：《胡塞尔意向性现象学与米歇尔·亨利的内在性生命现象学：以"材料"概念为例》，《法国哲学研究》2017；刘宏：《从米歇尔·亨利的生命现象学谈生命的自我显现与哲学语言》，《哲学动态》，2021 年 08 期；汪海全《亨利生命现象学研究》（专著），北京：人民出版社，2016 年。

和他的哥哥返回法国本土，先是生活在北部城市里尔，后来迁到首都巴黎。他的母亲是钢琴家，外祖父是音乐家，因此亨利在音乐和艺术上都有很好的修养。

在读高中时，米歇尔·亨利对哲学产生兴趣，并且决定以哲学作为自己的事业。1943 年，他在让·格雷尼耶（Jean Grenier）的指导下，完成了题目为《斯宾诺莎的幸福》的硕士论文。值得注意的是，在此之前，格雷尼耶曾在阿尔及尔担任哲学教师，加缪是他的学生之一。完成这篇硕士论文之后，米歇尔·亨利就投身抵抗运动，成为一名游击队员。他的代号是康德，因为他的背包里总是放着一本康德的《纯粹理性批判》。二战结束后，虽然有机会进入政府机关或军事部门工作，但是亨利放弃了从政的机会，专心于哲学的学术研究。在十多年的时间里，他都独自一人进行研究，撰写博士论文。

米歇尔·亨利的第一部作品，致力于对身体问题的系统考察，这就是 1950 年完成的《身体的哲学与现象学》一书，作为他的国家博士论文的副论文迟至 1965 年才出版。而主论文则是将近 900 页的巨著：《显现的本质》。这部巨著的研究和撰写，花费了十年左右的时间，但其完成也标志着亨利独创性思想体系的初步成型。这是法国现象学继《存在与虚无》《知觉现象学》之后，又一部大部头的、体系性的哲学巨著。《显现的本质》与《身体的哲学与现象学》两本书紧密关联，后者可以视作前者的一部分，只因涉及的主题不同，才分为两部著作。

亨利在二战后的知识氛围中渐渐成长起来。他的哲学，被有的学者视为最后一个哲学体系，这一体系在《显现的本质》一书中得到系统而完整的呈现。通过探索显现的问题，亨利试图讨论如何进入那不可见的生命。生命本身是不可见的，是一种纯粹的、关于身体、关于自身的经验。这种经验是一种纯粹内在性的经验，因此为了把握这种经验，必须使之有别于一切外在性的经验，即一切将生命、自身、意识与外在世界关联起来的经验或者思考方式。在亨利看来，西方哲学史中的大多数哲学家，都是在这种外在性之中来思考的，只有艾克哈特大师、麦纳·德·碧朗（Maine de Biran）等少数哲学家是例外。因此，亨利的这种生命现象学所理解的生命，也不是生物学意义上的生命，后者只是客体化、世界化的科学在生物领域的呈现。亨利将人的生命，理解为一种彻底的被动性，在于对快乐和痛苦的感受，这是最简单的生命事实。正是在这种感受中，可以把握到一个简单而原初的事实：我是一个活生生的并且继续活着的生命，而不是一具死了的尸体。对这一简单的事实本身的体验和把握，已经是一种幸福或者欢乐。而我们之所以能够在内在性中经验到我们的生命，就在于我们能够感受到快乐和痛苦，生命是一种具有感受性（pathétique）的存在。

基于这种原初的感受性体验，亨利区分了两种现象学：一种是希腊式的，世界现象学，总是从世界出发来思考主体，总是在外在性中思考；另一种则是生命现象学，避免或逃脱了一切外在性，仅仅从内在性出发、在内在性中思考。在亨利看来，一切外在性，实际上已经预设了某种主体—世界的关系，已经预设了某种关于主体的理解，即主体朝向世界的一种绽出（extase）。先于一切绽出，并且使绽出成为可能，正是一种主体的绝对内在性，因此需要一种全新的主体概念。

为了重新理解生命，亨利提出了一种新的主体概念。基于上述两种现象学的区分，亨利对胡塞尔和海德格尔的主体概念都进行了批评。在亨利看来，尽管胡塞尔更强调主体的认识维度，海德格尔更强调主体的生存维度，但是两人都将主体置于世界之中，在"主体—世界"的关联中来理解主体，这种关联即胡塞尔所说的意向性。亨利认为，胡塞尔所说的意向行为与意向相关项相关联的这种意向性，本身已经隐含着两个方面，一是意向行为与意向相关项之间的距离，二是意向行为朝向自身之外的相关项的绽出，而这种距离和绽出实际上都预设了世界的存在以及主体在世界之中。而在亨利看来，使这种意向性得以可能的，是一种更为原初的行为，即主体的自身体验（épreuve de soi），这种自身体验无须朝向主体之外、无须朝向世界，也就是说，一种无需他者和世界的自我体验是可能的，并且是更为原初的。对于苏格拉底式的问题"认识你自己"，亨利给出了全新的回答，在认识世界之前，我已经具有一种关于自我的认识。在他看来，传统哲学史对于这一问题的答案，实际上都是将自身与世界联系起来，因此是一个面向世界的自身、一个在世界之中存在的自身。然而除此之外，还有一个更源初、更深层的自身，即他所说的通过自身体验、自我感发而认识到的自身。在亨利看来，在他之前，只有笛卡尔曾经触碰到这一真理，但笛卡尔很快又滑走而忽略了这一真理，唯有 19 世纪的法国哲学家麦纳·德·碧朗才严肃而深入地反思笛卡尔曾经揭示出的这一真理，并且通过身体、努力等概念发展出一种纯粹内在性的哲学。

与这种全新的主体性相对应，现象也有两种显现的方式：一个是外在的可见世界的显现方式，在一种外在性之中显现；另一个则是不可见的生命的显现方式，是在一个内在性之中显现。我们的肉身、生命、自我、主体等，都首先在这种内在性之中显现出来，正是基于这种内在性，基于这种内在光明，外在世界中的各个可感现象得以显现的外在光明才是可能的。

但是，亨利的这种内在性哲学，是否走向一种唯我论，或者一种单子论？答案是否定的。亨利强调的这种内在性，既有主动性的一面，又有被动性的一面，作为自我感发（auto-affection），既是自身的有所感受（被动），又是自身的有所发动（主动）。因此亨利认为，这种能够自我感发的内在性的生命，既是普遍意义上的大写生命（Vie），也是特殊意义上的个体生命（vie），因此就有必要通过这种内在性，思考那超出个体生命的普遍的大写生命，由此也通向一种宗教现象学，这也正是亨利晚年几部著作重点思考的主题。

1963 年 4 月，米歇尔·亨利完成了他的国家博士论文答辩。评审委员会的成员，都是当时有名的哲学家，如让·依波利特（Jean Hyppolite），让·华尔（Jean Wahl），保罗·利科（Paul Ricoeur），阿尔基耶（Ferdinand Alquié），H. 古耶（Henri Gouhier）。亨利顺利地通过了答辩，几位哲学家也对他的研究赞赏有加。接下来，他完全有可能在巴黎找到教职。但是，最终亨利并没有选择留在巴黎。因为他知道，留在巴黎将意味着不得不花费大量时间，去应付各种答辩、学术会议、应酬等。于是，亨利选择了位于法国南部，靠近地中海和普罗旺斯地区的蒙比利埃。在蒙比利埃大学，他一直工作到1982年退休。

在形成了自己的哲学体系之后，米歇尔·亨利接下来的研究，一方面是将他的体系应用到不同的思想领域，例如，在《野蛮》中对科学技术的批判，在《看见不可见者》对康定斯基的生命艺术观的诠释，在《马克思》两卷本中对马克思哲学的生命观的重新诠释，在《精神分析的谱系学》中对弗洛伊德思想的溯源式分析；另一方面则是对自己的哲学体系的进一步深化、发展与丰富，这主要体现在他晚年的宗教现象学三部曲之中。

从1965年开始，米歇尔·亨利又用了接近十年的时间来研究马克思，完成了两卷本、将近1000页的《马克思》（第一卷：一种实在的哲学；第二卷：一种经济的哲学），于1976年出版。亨利从他的生命现象学出发来解读马克思，在他看来，马克思的哲学实际上是一种生命哲学，因为马克思的核心概念，是实在的个人及其劳动，每个劳动者的劳动都是个别的、特殊的、不可还原的。人们为了实现交易，将这种劳动加以量化，实际上，每一种劳动背后所要求付出的努力是不一样的。亨利的《马克思》出版之后遭到冷落，既不受知识分子和媒体的欢迎，也没有获得市场的青睐。在左派看来，亨利的著作是对马克思主义的偏离。在右派看来，一本研究马克思的书本身就得反对。而对于普通读者而言，两卷本的《马克思》是一本大部头著作，充满艰深难懂的哲学术语，令人望而却步。

从生命哲学出发，亨利也对当代的时代特征和文化问题进行考察，最终体现为《野蛮》一书。这本书也代表着亨利对整个现代性的反思，在他看来，现代性的思想基础中包含着一种野蛮。现代思想的开端，是由伽利略、笛卡尔等人物所形成的一种全新的关于世界的构想。正如科瓦雷在《从封闭的世界到开放的宇宙》一书中所揭示的，从古代到现代，是两种不同的世界观。亨利认为，现代人的这种全新的世界观要求一种方法论，这种方法论本身包含着对"生命的排除"。这种排除，也是对主体性的排除、对感性的贬低，最终将一切都归结为数学或者可以数学化的东西。在亨利看来，科学与技术带来的是对人的生命和主体性的贬低和压抑，因此他对这一个越来越科技化的社会，是充满警惕和担忧的。

1983年，亨利应邀在日本大阪进行为期三个月的讲学。这一时期的讲课稿，经整理后于1985年出版，书名为《精神分析的谱系学》。在这部著作中，亨利分析的实际上是精神分析的前史，即弗洛伊德的思想的前提。这本书从笛卡尔出发，途经康德、叔本华、尼采等人，最后抵达弗洛伊德，建构了一部哲学史中关于"我思"概念的观念史，也是关于"生命"概念的历史。在他的笔下，笛卡尔在"灵魂"的名义下，所讨论的其实是"生命"；而弗洛伊德在"无意识"的名义下，所讨论的也是生命。

亨利关于艺术和美学的思考，主要见于他在1988年发表的《看见不可见者：论康定斯基》一书。康定斯基是抽象画的创始人，生前不仅有许多精美的绘画作品，也形成了自己的艺术理论。亨利惊奇地发现，康定斯基的理论与他的生命现象学极其合拍。艺术就是要去揭示和表达那不可见者，即人的内在生命，以及生命本身的欲望、情感等。

亨利在现象学方面的思考，最后将他引向对宗教的沉思。他在晚年发表的三部著作《我即真理》《道成肉身》《基督的话》构成其宗教现象学三部曲。但值得注意的是，亨利并不是从宗教走向现象学，而是从现象学走向宗教。在他看来，走向宗教，走向关于上帝的思考，是由他本人的生命现象学本身的问题所引发的。他在《显现的本质》一书中的结尾，留下了一个重大的理论问题，即作为感受者的自身，隐含着这样一种可能性，即有一个绝对生命、绝对存在，使得自身的感受成为可能。1996 年出版的《我即真理》即将这样一种可能性明确地揭示出来。在 2000 年出版的《道成肉身：一种关于肉身的哲学》中，他对生命问题进行了反思和总结，并回到了他早期研究过的身体问题。他生前的最后一部著作是《基督的话》，在这部书中，他试图效仿德国神秘主义神学家艾克哈特大师的做法，用最简单、直接的话语来揭示出生命的真理，以及人关于上帝的体验。

关于本书

本书是米歇尔·亨利的一部访谈集，出版于 2005 年，收录了亨利从 1976 年到 2002 年的 11 篇访谈。这些访谈，有些涉及亨利当时刚出版不久的著作，如《野蛮》《看见不可见者》《精神分析的谱系》，有些是关于亨利的现象学或者整个哲学。在访谈中，访问者向亨利提出的问题比较庞杂，有的涉及哲学家的个人生平，有的是关于哲学家对社会、政治和时代的看法，有的是关于现象学和哲学史，以及关于某些哲学家的看法。总的来说，这些访谈比较全面地反映了亨利的主要思想观点，有利于我们进一步深入了解他的哲学。在译者看来，亨利在访谈中提出了许多深刻的见解，给了我们一些很有启发性的思路，值得读者进一步思考。

翻译是一种对话，既是两种语言、两种文化、两种思维方式的对话，也是译者通过自己的努力，试图在作者与读者之间建立起来的一种可能的对话。翻译也是一种冒险，即放弃自身的内在性，而进入文本的外在性之中，继而试图让这种异域的文字与思想在汉语中生成，从而形成一种既有一定熟悉度又带有一定陌生感的文字与思想，最终达到作者似乎在用汉语言说的目的。当然，这种对话和冒险其实都不易达成。尽管译者付出了不少时间和努力，但译稿仍然存在不少缺憾与不足，还请读者多多见谅。

邓刚

2022 年于上海

说 明

选入本书的这些对话，或者涉及米歇尔·亨利的某种论著的出版，或者涉及其哲学的一系列问题。除了第一篇对话外，都根据年代的顺序依次排列。

当这些对话不带标题时[1]，所涉及的核心主题就会在对话首页的页底标示出来，列在文献出处之后。

因为在这些对话中，对于米歇尔·亨利的著作的引用通常都是同一些著作，我们可以参照卷首的作者目录[2]，及其出版年份和出版社。

1　［译注］这些原本未带标题的对话，中译者根据对话的核心内容重拟了标题。
2　［译注］书目信息见本书末尾。

1 哲人话平生

与罗兰·瓦西尔德的谈话[1]

瓦西尔德 (Roland Vaschalde):

米歇尔·亨利,既然要谈到您的生平,让我们从开端说起吧:出生在远东地区,父亲在您年幼时离世。这些环境是否以某种方式影响了您?

米歇尔·亨利 (以下简称亨利):

请允许我在这场对话的开头作一个哲学式的评语。我想说,面对传记的观念,我常产生强烈的贫困感。有人认为,真正的自我,每个人的真正自我,是一个非世间的自我,外在于一切客观的、经验的规定性,从这类标志出发,从而抵达自我的这种尝试,其实很成问题。一个人的历史,以及这个人周边的环境,都

---

1 1996 年,出版于《米歇尔·亨利:生命的体验》(*Michel Henry, L'épreuve de la vie*, Actes du colloque Michel Henry, Cerisy, 1996) 的会议论文集。

是不同于面具的某种别的东西，这副面具无论多大程度上讨人喜欢，都只是他本人与其他人以某种方式协商一致从而加之于他的面容——而他本人，就其根本而言，并不具有任何一张这样的面容，难道不是这样吗？您注意到，我出生在一个遥远的国度。这是别人告诉我的。但是，这个国度难道不是"比印度和中国还更远"[1] 吗？对我来说，我来到这个世上，还没有任何人在某片大陆上找到生命的源泉。我不认识我的父亲——但是，父亲，岂不是所有生命的前提？我母亲后来向我谈起我的父亲，他是一位远洋轮船的船长，我把他视作康拉德或者克洛岱尔笔下的一个人物。实话说来，我对他一无所知。但是，对于一个在那边度幼年时光的儿童，我又知道多少呢？我们生活在永恒的当下，永远无法离开。在当下之外者，与我们相隔万丈深渊。因为时间是绝对的非实在的一个领域。我分享一下艾克哈特大师的观点："昨天发生的一切，如同一万年前发生的一切，距离我同样地遥远。"俄狄浦斯是一位病人发明的寓言中的人物。这个寓言也适用这一说法。

---

1 ［译注］"比印度和中国还更远"（plus loin que l'Inde et que la Chine），这一表述出自波德莱尔的《恶之花》中的《忧伤与漂泊》（Moesta et errabunda）一诗，该诗的最后一节有两句为："充满易逝的快乐的天真乐园/是否已经比印度和中国还更远"（L'innocent paradis, plein de plaisirs furtifs/Est-il déjà plus loin que l'Inde et que la Chine）。亨利出生在越南北部海防市，当时越南是法属印度支那（Indochine）（包括越南、老挝、柬埔寨）的一部分，词源上印度支那即由印度（Inde）与中国（Chine）合成。

瓦西尔德：

请原谅我的坚持，这正是为了满足那些阅读过您著作的人，来到这里与您相遇，来看到"有血有肉"的您，满足他们的期待。因此，我要再次开始我的询问。回到法国之后，您的童年在里尔度过，在一个充满艺术氛围，尤其是充满音乐氛围的家庭环境中。这是否培育了您的感性，决定了您在作品和生命中都赋予艺术因素极为重要的地位？

亨利：

差不多是这样。因为音乐让人逃离世界。音乐总是吸引着我们。我的母亲在结婚之前，正准备开始钢琴家的职业生涯。她经常为我演奏。我从中体会到的情感从未消失，正是这种情感让我想到我的母亲，想到我爱的所有人，想到艺术本身。如果说康定斯基从音乐出发来理解绘画，因此让绘画独立于表象世界的这一绝妙观点让我深感兴趣，也许正是因为这个观点能关联到我所体会到的、从未离开过我的这种幸福。

瓦西尔德：

出于学业的选择，您全家来到了巴黎。因此，正是在巴黎上学时，您选择了哲学。在这一抉择中，决定性的因素是什么？遇到了某位大师，某些文本，或者是想要回答某些内在的追问？

亨利：

在亨利四世中学，我的哲学教师是勒内·贝特兰（René

Bertrand)。我对他怀有深深的感激。我以哲学为志业,他起到了极大的作用。不仅是因为他的不足,更因为他身上的那些优点。从第一堂课开始,他的课程就是完全抽象的,我们完全听不懂,大部分学生在下面窃窃私语,玩打仗游戏,或者提一些荒唐的问题。我坐在第一排,只能一直听课,虽然课堂上有些吵闹。我听懂了,因此进入一个令人目眩神迷的观念世界。对哲学的这种欣赏,在预备班的两年里,转变为我唯一的学术兴趣,于是在1942—1943年的寒假期间,我在里尔撰写了一篇论文,即《斯宾诺莎的幸福》(*Le bonheur de Spinoza*)[1],指导老师是格雷尼耶(Jean Grenier)[2],之后我就加入了抵抗组织的游击队。

瓦西尔德:

我猜想,参加游击队是一种极为强烈的体验。首先,这对您关于生命的构想产生了什么影响?其次,对您关于政治和意识形态的理解产生了怎样的影响?

---

1 [译注]这篇硕士论文后来刊登在《形而上学与道德杂志》。在亨利去世后,经整理于2004年在法国大学出版社(PUF)单独作为著作出版,并附以Jean-Michel Longeaux所作的《关于亨利的斯宾诺莎主义的研究》(*Etude sur le Spinozisme de Michel Henry*)为评注。在亨利的思想中,斯宾诺莎占有独特的地位。这篇硕士论文已经呈现出亨利本人大部分原创性的哲学直觉,这些直觉将在后来的著作中得到系统的发展。参见Michel Henry, *Le bonheur de Spinoza*, Paris: PUF, 2004。

2 [译注]格雷尼耶(Jean Grenier, 1898—1971),法国哲学家。在阿尔及尔担任中学哲学教师期间,加缪是他的学生。

亨利：

在 1939 年战争宣布开始之际，我的哥哥就已应征入伍。在法国崩溃之后，他马上去了英国，成为"自由法国"最初的二十个成员之一，其中有三至四个成员又返回了法国。他的示范当然对我十分重要。我的家庭一下子就只剩两个人，并且担心彼此无法再见面。此外，在这些事件发生之前，我们就深深地感到我们是希特勒的反对者。在年轻时，在读高中期间，我们就十分惊愕地观察到德国发生的事件，并且对没有什么能够阻止事情的恶化感到十分愤慨。

抵抗和游击队的经历，实际上对我的生命概念的理解产生了极为深刻的影响。这种地下状态，每一天都强烈地让我感受到某种匿名状态（incognito）的意义。在这整个时期，人们都必须隐瞒自己的想法，甚至自己的行为。归功于这种持续的伪装，真正的生命的本质向我揭示出来，也就是说，真正的生命是不可见的。在最糟糕的时刻，尽管世界极为残酷，我在自我之中体验到了真正生命，如同一个有待保护的秘密，这一秘密也保护着我。这是比世界的显现更深刻、更古老的一种显现，规定着我们的人之为人的条件。将人定义为"政治动物"[1]，这样是不对的。

也就是说，我对政治和意识形态的理解，本身也深受这些事件影响。在一定意义上，这些事件将历史置于第一层面，正是在这个范围内，我们的生存、我们的饥饿与恐惧、我们的生与死，

---

1 ［译注］指亚里士多德的说法。

每时每刻都依赖于这些事件。与此同时，关于社会的神话——在希腊城邦中，每个人得以完成其自身的存在——因此遭到了不可修复的打击。我们共聚一堂的光亮空间，它本应是我们真正的家园，我们不必从中逃脱逃往一个想象的天堂，却充斥着武器暴力、告密、黑市交易、虐待，许多人惨死，所有人心怀恐惧。拯救恰恰就在于某种共同体的秘密中，这个共同体已经被缩减到一对夫妻或者一个家庭，最好处于某种地下状态，却又始终受到渗透和背叛的威胁。从这个时期开始，我就明白了，个体的拯救不可能来自世界。

于是，在战争结束后，一种令人痛苦的分歧，迫使我不得不挥手告别了我的大部分战友。他们中的大多数人都期待着一个高唱凯歌的明天。另一些消息灵通的人，想加入政府的军事组织。他们预感到，在意识形态的对立之后，某种新的极权主义将会出现。卡夫卡，这位小资产阶级作家，始终以自我为中心，而不是加入历史和社会的宏大运动之中，阅读卡夫卡是可疑的，并且让我保持怀疑（"必须烧掉卡夫卡?"[1]），让我免于陷入幻想。而在这个时期，美国及其令人生畏的体制所带来的霸权主义的危险，也没有逃出我的观察，此外，我也没有陷入在法国那些急匆匆想要争权夺利的人的犬儒式投机主义。

---

1 ［译注］有可能指库尔曼（Marie Kuhlmann）在 1989 年发表的文章《是否必须烧掉卡夫卡》（*Fault-il brûler Kafka ?*）。参见 Marie Kuhlmann, " Faut-il brûler Kafka?" dans *Censure et bibliothèques au XXe siècle. sous la direction de Kuhlmann Marie, Kuntzmann Nelly, Bellour Hélène. Paris, Éditions du Cercle de la （转下页）

瓦西尔德：

在战争结束之后，虽然方式不同，生活条件还是比较艰苦的，在这个时期，您放弃了一些可以直接进入教育机构的机会，而是选择了完全地献身哲学，并且开始撰写《显现的本质》一书。在人们的想象中，这段时期既艰苦又充满活力，您能否谈谈这段时期？

亨利：

1945 年我通过了哲学教师资格考试，实际上我又返回学术研究，并且下定决心，在公共空间之外来寻找我的生命意义。我曾经两手空空，但是生活条件已经完全地改变了。死亡，持续不断地对死亡的恐惧，已经不再有了。我明智地在卡萨布兰卡当老师，我所教的班级有 70 多位学生，和我一样经历了战争后才重返校园，而且大部分比我年长。我撰写了我的第一本书，是关于身体问题和麦纳·德·碧朗（Maine de Biran）[2] 的。恰好在这段幸福时光之后，我才面临物质上的困难。我放弃了教学，在长达十年的孤独中撰写《显现的本质》——但是，里尔克不是说过，对于写作者，"十年算不了什么"。您说得对：这是孤独和贫困的经验——但是，持续不断地受到写作的支持和激励——这种经验既是困难

（接上页）Librairie, *Bibliothèques*, 1989, p. 43—51。参见网址：URL：https：//www. cairn. info/censure-et-bibliotheques-au-xxe-siecle--9782765404187-page-43. htm。

2　碧朗（1766—1824），法国哲学家。亨利的第一本书，指《身体的哲学与现象学》（*Philosophie et phénoménologie du corps*），完成于 1949 年初，但要迟至 1965 年才出版，比 1963 年出版的《显现的本质》晚两年。

的，有点类似于遗弃；也是充满活力的，因为仅仅和最本质的东西打交道。

瓦西尔德：

对于避开世俗喧嚣而专注于本质工作的这种兴趣，人们或许会称之为隐修式的（修道士的），持续地显现出来，接下来，您谢绝了巴黎的职位，来到蒙比利埃的保罗—瓦雷里大学从事教学，于是在哲学上的孤独之外，又增加了地理的远离，您的思想是在当代主流的理论运动之外发展起来的，并且反对这些在学院内占据霸权地位的运动（马克思主义、结构主义、精神分析）。就哪方面而言，这种偏离在您看来是必要的，是否直到今天，您仍然认为这种偏离有利于您作品的建构，从而得以超脱这种非中心位置带来的明显不利？

亨利：

在蒙比利埃，情况有了新变化。我遇到了我的妻子。撰写完《显现的本质》，这一任务在很多方面都显得沉重无比。最令人惊奇的是，答辩委员会的成员之一，伊波利特（Jean Hyppolite）[1]以及其他成员（都是名声显赫的哲学家），都对我的工作表示出异乎寻常的热情和欢迎。从这时起，正如您所提到的，我在学术机构里任职就变得容易了。我相当自由地选择了一所远离巴黎的

---

1 ［译注］伊波利特（1907—1968），法国哲学家、哲学史家，著名的黑格尔哲学专家，《精神现象学》的第一个法文译本即由他翻译完成。

大学，因为在那个时期，所有的博士论文答辩都在索邦举行，古耶（Henri Gouhier）[1] 提醒我，如果在巴黎，我将会有一半的时间耗费在这些论文答辩上。远离时尚也是一件好事。在地中海的边缘，我只须静静地等待时尚的消失。

瓦西尔德：

因此，在这些岁月里，您从事着研究和教学两种活动。作为您以前的学生，我希望您能够谈一谈教学者与受教者的关系。作为一位高水平的研究者，这种关系是否常常令人失望，徒增烦恼？

亨利：

与一些毫无功利、热爱文化并为之献身的年轻人的关系，当然是最好的一种关系，即使这有时会带来一些难题（例如，提醒某位年轻人他已误入歧途）。想要做到名副其实，高等教育应该是某种研究之后的产物。直至 1968 年，这一条件都是满足的：对于一位教师而言，每年六个月，每周举行三次长约一小时的讲座。随着大学卷入了政治和煽动，这些条件渐渐地变得越来越差。这样一种教学之可能性，以及纯粹理智的目的之可能性，都受到了质疑。今天，我很清楚地意识到，我的学术生涯的大多数时期，都处在一个最好的时代。

---

1 ［译注］古耶（1898—1994），法国哲学家、哲学史家。

瓦西尔德：

让我们直接讨论一下您的哲学作品。一个预备性的问题：您要言说的是一些人们很大程度上闻所未闻的东西，当您明显地感到必须采用一些全新的概念来工作时，能否为我们描述一下，在那个时期，您的处境是怎样的？

亨利：

从我与哲学相遇，实际上就是与古典哲学相遇的最初两三年开始，我对古典哲学无比赞赏，但我仍有一种期待落空的感觉，这很快就变为一种不满。接下来是第二次世界大战。我曾经很仔细地阅读《存在与虚无》，其价值在于把黑格尔、胡塞尔、海德格尔搬到巴黎的舞台。我曾经直接地转向这些全新的思想，尽管我的视域异乎寻常地得到了开拓，但不满仍然萦绕在我心头。我的所有解读都是批判性的。在毫无预备的情况下，我读到了胡塞尔的《笛卡尔式的沉思》，它在我心中引起一种极大的激情，一度让我以为找到了我所寻找的。但是这种激情并没有持续多久：很快我就明白，我理解错了，而且作为这些精彩文本中的主题之一，先验生活，实际上仍然是有缺陷的。至少，我的研究的主题，在我眼中变得清晰了。

瓦西尔德：

关于《显现的本质》，我要说几句：令人非常惊奇的是，您的哲学生涯，一开始就是一部有着完备性的大全，这种大全，人们通常更容易想象为整整一生的研究的成果。今天，您如何看待这一作品？在这本书中，一切都在这里，即使是以提纲式的方式？

亨利：

《显现的本质》并不是一个开端，而是长时间研究的结果。我用了十到十一年的时间来撰写，在国家科学研究中心（CNRS），我进行了四年的研究并且撰写了《身体的哲学与现象学》，后者原本是《显现的本质》的一章。书的篇幅可以用我刚才谈到的不满来解释。胡塞尔哲学有助于去定义我工作的现象学框架。在胡塞尔那里没有找到的——先验生命本身所具有的源始的现象学维度的确认——我从西方哲学的传统中努力寻找，但是徒劳无功。从西方哲学传统中，我抽离出一些在我看来十分关键的分析，进而指出，这些分析从属于同一种现象学前提，这个前提遮蔽了本质性的东西。我称这个前提为存在论一元论，更合适地说应该称之为现象学一元论。由此过于冗长和宽泛的反论，占据了著作的一大半篇幅。

瓦西尔德：

如果让您指出一些您的思想的先驱者或者影响者，您首先要提到谁的名字？显然，我们会想到艾克哈特大师，想到说出"似乎我在看"（videre videor）[1] 的笛卡尔，想到麦纳·德·碧朗、克尔凯郭

---

1 ［译注］笛卡尔在《第一哲学沉思集》中的"第二沉思"的表述。

尔和马克思，想到胡塞尔……这个名单是否合适？还是太长了？

亨利：

从我之前的回答中就可以知道，《显现的本质》既没有先驱者也没有启发者。因此，这本书的撰写对我而言如此艰难。必须从所有的这些反题过渡到正题时，没有任何概念化体系或术语来表达我想说的。

如果对我的工作整体作一个回顾，我认为有两重面向。一方面，对于根本性的现象学前提的探索，定义了显现者的双重性（la duplicité de l'apparaître）。另一方面，对于这些前提的展开，并且将其应用到不同的问题或者不同的哲学：关于身体（麦纳·德·碧朗）、关于经济（马克思）、关于无意识（精神分析）、关于艺术（康定斯基）、关于文化问题（《野蛮》）、关于胡塞尔现象学（《物质现象学》），最后，关于基督教。当然，对这些前提的探索，从来没有完全地离开这些前提的应用。二者在第一本书中是齐头并进的。就此而言，唯有麦纳·德·碧朗给我助力。我的其他著作，毋宁说是对这些前提的丰富性的一种检验。关于基督教的最新一部论著是例外，它是对《显现的本质》的推进。将可理解性的栏杆设得太高——处在我现在称之为始基可理解性（archi-intelligibilité）的层次——基督教迫使我提出一些问题，这些问题无疑隐含在我之前的研究中，但还没有成为任何明晰的考察的对象：生命与生命者的关系，从而生命是围绕着某种根本的自身性（ispéité fondamentale）组织起来的；绝对生命（la Vie absolue）与某种有限的生命的分离，以及二者的相互内在性，等等。

瓦西尔德：

对于不熟悉您作品的人来说，有两本书涉及令人惊讶的主题：在《显现的本质》《身体的哲学与现象学》之后，出版了《马克思》；在《从共产主义到资本主义》之后，出版了《我即真理》。您能否谈谈这两本书的意义，以及它们在您思想演变中的地位？

亨利：

《马克思》在一定意义上有着偶然的机缘，即《德意志意识形态》一书被纳入教师资格考试的口试考察的书单中。因此，我为参加考试的学生准备了一门关于这个文本的课程。我的一个女学生，考试时被问到书中的一个段落，她告诉我，她的回答让评审委员们惊讶。她仍然通过了考试。在这一课程之后，在长达十年的时间里，我继续研读马克思。这一兴趣并不奇怪，如果我们回想一下《身体的哲学与现象学》的结论，给出的一个未来的任务就在于，在这种主体身体（corps subjectif）的理论光芒下去理解马克思和唯物主义。实际上，主体身体不是别的东西，而是"活生生的个体"完成其实践的场所，实践本身应当明晰地被定义为主体性的，而主体身体的概念在 1845 年的突然出现，潜在地撼动了西方思想的整个大厦。实践概念的新颖性，也可以解释为什么马克思本人很难给出一个精确定义。经济学分析就是用来解释实践的。经济学分析产生了一种关于世界的普遍解释,这种解释不仅仅指向一种先验意识,指向某种主体,而且指向生命,指向特殊的、具体的、身体的、非对象化的、不可计算的生命,外在于生命,客观现象的整体,尤其是经济的和技术的现象,都不可能达到完全的可理解性。出于这样的原因,我付出漫长的时间给这部作品,这部作品有着决定性的意义,但也不被理解。至于《从共产主义到资本主义》这本论著,其目的只是在柏林墙倒下之际,向大众解释苏东剧变的原因。然而,在这本书里,我也否弃了宣布经济自由主义有效的诱惑,这种经济自由主义将在我们眼皮底下使世界陷入荒芜。当然,相对于我一以贯之的主题,这本书可以说是附带的产物。与之相反,《我即真理》重新回到我沉思的主线,回到我的出发点,即我 1943 年关于斯宾诺莎的论文。最近,雅德·哈登(Jad Hatem)[1] 出版了这篇论文的全文,我惊奇地发现了斯宾诺莎关于内在因果性的异乎寻常的观念,在此观念中,实体的内在性体现在每一个有限的样式中,这预示着《我即真理》的核心主题:绝对的大写生命(la Vie absolue)内在于每一个生命体。然而,从一本论著到另一本论著,有着从思辨哲学到现象学的一种过渡,与之相伴的,则是在诸多直观之中,我最坚持的一个直观是:根本的自身性的生成,就在大写生命对于生命体的相互内在

---

1 [译注]哈登(1952—),黎巴嫩诗人、哲学家,圣约瑟夫大学哲学教授,米歇尔·亨利研究中心主任。

性（l'immanence réciproque de la Vie au vivant）之中。这种思想所追求的，是重新刻画出先验自身（soi）的真正的考古学——这种自身在我（moi）或者自我（ego）之后——这一思想，在斯宾诺莎的《伦理学》中还没有出现，在《显现的本质》中也没有。

瓦西尔德：

为什么选择了"物质现象学"来标示您思想的独特性？

亨利：

这也是迪迪耶·弗兰克（Didier Franck）曾向我提出的问题，他提议我写一个文本，来澄清我相对于胡塞尔而言我的立场。《质料现象学与物质现象学》，最早发表在《哲学》（*Philosophie*）杂志，后来收入我的著作《物质现象学》。这个标题在我看来依然很关键。它标示出派给现象学的新任务：在显现之中，澄清何者使之成为一个显现，澄清使得显现得以形成的现象学物质，澄清是什么形成这种物质，这种物质不是别的，就是我们生命的可感受的肉身（la chair pathétique de notre vie）。这是我的现象学所完成的内容，不仅反对现象的形式概念，也反对通过现象学一元论而被意指的还原。最终的任务，在于对这种肉身因此也是对生命的进一步分析，同样是通过物质现象学来指示的。

瓦西尔德：

在哲学作品之外，您也是四部小说的作者，其中一部小说采用了侦探小说的形态。这些是否只是单纯的娱乐，在两个哲学沉思阶段之间的静休形式，或者更深刻而言，是以另一种探索方式来接近本质或者言说本质？

亨利：

哲学总是指向其自身的历史，它总是涉及数量可观的参照，尽管无法避免片面性，但是至少在所选择的反思领域，要有对数量庞大的文献绝对严格的认知。小说的写作可以省略这种工作，我将其体验为一种释放。这种自由的情感，同样体现为文化的这些基本活动，每种活动却要求完全不同的进入方式：同样是自由的虚构，小说借助想象力，哲学借助概念分析。对我来说，文学写作从来不是一种消遣，甚至也不是一段休息的时光。实际上，这涉及一种不同的生活方式，也许更为轻盈。不论如何，由于我们的有限性，我认为必须在这两种关于本质的可能性表达中进行选择，这种选择的理由，归根究底，并不在于我们的兴趣，而在于我们所具有的禀赋或才华，对此我们应当有明晰的认知。当然，也还有别的因素，例如谋生的需要。就我而言，我只能贡献极少的时间给文学。对此我一直倍感遗憾。

瓦西尔德：

在您的哲学作品之外，塞里西（Cerisy）的学术会议[1]，在我看

---

1 ［译注］1996 年，在法国西部城市塞里西（Cerisy）举行了一场以探讨亨利的哲学为主题的学术会议，亨利本人也出席了会议。

来，似乎有极强的情感特征，围绕着您和您的夫人安娜（Anne Henry），为所有的参会者所分享。这难道不是对某种思想共同体的具体表达，这个共同体也是主体间的共同体？这也是一个非常国际化的聚会，令人印象极深刻的是，您的著作得到了广泛的翻译，译本扩展到越来越大的地理范围。这些对您而言意味着什么？

亨利：

是的，塞里西的学术会议对我而言，是我关于主体间性构想的一次激动人心的呈现，这一构想我也只是在最近一些文本中才勾勒出草图。您知道，对我而言，主体间性并不基于理性，而是基于生命。只有当生命既有真正的、绝对的普遍性，也有不可超越的特殊性，是由诸多生命体（我们可以如教会的教父们一样称之为"位格"〔personnes〕）构成的主体间性，作为人类共同体的某种东西才是可能的。主体间性带有生命的各种特征，由此得出：一方面，是先验自我的差异性，另一方面，是遭受（pathos）。因为共同体在生命之中有其位置，共同体超越了世间的一切限制。例如，一位作家发现自己处在一种也许极为狭窄、却是本质性的关系之中，从而与他从未见过也将永远无法见到的一些人建立这种关系。如果他有机会见到，显然这是一种有着特殊强度的，也许令人震撼的相遇。对我而言，塞里西会议就是这样，一种巨大的幸福，但又太过短暂。如同与世界中正在发生的所有相遇一样，在分别之际，不禁充满感伤。

在越来越多的国家，包括遥远的国度，翻译我著作的译者们所做的工作——其中有一些译者来到了塞里西——对我而言有着同样的意义。他们建构出一个比感知更广阔的共同体，这就预设了在无形中建立交流的可能性和必然性。这里所涉及的已经是某种"神秘化身体"。

瓦西尔德：

您现在的计划是什么？您还有什么要说的吗？

亨利：

目前我的工作在于深化对肉身的分析，我刚才谈到，这个计划的目标在于探索肉身的起源或者最后的基础。这种肉身的考古学[1]，将会作为二重唱的第二部分，第一部分就是《我即真理》。如果我能拥有第二生命，我当然愿意说更多的东西，写更多的小说，并且更长时间地与我的朋友相聚。

---

1 相关研究在 2000 年出版于瑟伊出版社，即《道成肉身：一种肉身的哲学》（*Incarnation：une philosophie de la chair*）。

2　　"让个体回归自身"

与德鲁瓦的谈话[1]

德鲁瓦（Roger Pol Droit）：

人们经常重复这样的话，在马克思这里，哲学走到了终点，甚至是死亡。马克思著作中的一些文本似乎也将人们引向这样的理解。然而，您重建了马克思的形象，马克思首先是一个哲学家。可这里似乎有着第一个悖论⋯⋯

亨利：

我认为，这个显而易见的悖论是有一些历史的原因。马克思在纯粹哲学方面的贡献，很长时间以来一直不为人知，因为某些

1　这篇谈话刊登在 1976 年 4 月 16 日的《世界报》，这一年亨利出版了两卷研究马克思的著作《马克思Ⅰ：一种实在的哲学》《马克思Ⅱ：一种经济的哲学》（*Marx Ⅰ : Une philosophie de la réalité, Marx Ⅱ : Une philosophie de l'économie*, Paris: Gallimard, 1976）。文章转载于 R. P. Droit, *La compagnie des contemporains*, Odile Jacot. 2002。

基础文本一直没有得到编辑出版。直到 1927 年，才出版了《黑格尔法哲学批判》，在这本书里，青年马克思逐字逐句地与黑格尔展开对话。尤其重要的，在 1932 年，梁赞诺夫（Riazanov）[1] 才发现了《1844 年手稿》和《德意志意识形态》。在那个时候，马克思的学说在很久以前就已经被人们建构起来，但仅仅基于马克思的政治学和经济学著作。正是在这样的视角下，人们尝试去解读其全新发现的这些哲学著作，实际上，正是基于这些哲学著作才能够理解马克思的其他著作。

除了这些可以说是"偶然"的原因，还要补充的事实是，对于马克思和他那一代人，哲学就意味着黑格尔主义，从而最终也就是唯心主义。马克思对哲学明显的否弃，其实是对这种唯心主义的否弃。如果不是首先做到与黑格尔处在同一水平线上，建构起一种哲学的发问来反对这种唯心主义，那么这种否弃就不可能进行到底。这正是马克思要做的，在 1842—1843 年的手稿中他表达了对黑格尔哲学的批判，在《德意志意识形态》中则批判了后黑格尔主义，也批判了支持这种后黑格尔主义的黑格尔哲学。

这种批判是哲学的，而且有着难以想象的深刻，最好的证明就在于，人们从马克思对施蒂纳的攻击细节中可以发现，这些攻击涉及的所有思想都是黑格尔式的。这就有可能揭示出，马克思的这些批判也直接击中一些著名命题，如萨特的一些

---

1 ［译注］梁赞诺夫（1870—1938），苏联哲学家，马克思恩格斯遗著文献研究专家。

主张。

德鲁瓦：

第二个悖论，您认为，马克思的哲学根本不是人们通常所说的那种辩证唯物主义。人们对此感到惊奇……

亨利：

当然，必须承认的是，人们把马克思的思想归于辩证唯物主义的名义之下，但是在马克思本人的著作中根本找不到这一表述。马克思在极少的情况下谈到过唯物主义，或者是涉及18世纪的一些哲学家，或者是涉及费尔巴哈，而且总是为了批判他们。

相反，马克思经常使用"物质的"（matériel）这一形容词。如果我们检查这个词出现的所有句子，尤其是那些属于基础理论的发展的句子，我们可以发现，马克思赋予这个词两种相反的意义。大多数情况下，"物质的"意味着"主体的"（subjectif）：它指称个体的需求和劳动，马克思总是指出这些是主体的。相反，当涉及产生过程的分析，主体的生命劳动就对立于物质的、客观的因素，这些因素是劳动的工具和原始资料。

至于马克思所拒绝的辩证法，归根究底仍是黑格尔的哲学。如果我们能够谈及辩证唯物主义，显然，这是由于相对于讨论费尔巴哈的提纲而言。在这些极为重要的篇幅中，马克思用黑格尔的辩证法来批判费尔巴哈的唯物主义，又用费尔巴哈的唯物主义来批判黑格尔辩证法。甚至可以说，马克思在这两个极端中找到了同一种结构，这是他要避开的，这就是对象化的过程。如果说他用一个极端反对另一个极端，是因为他还不具备恰当的概念手段来思考他所说的"实践"，实践是一种极为不同的生命，不同于上述的结构，因为这些结构归根究底仍然是意识的结构。

德鲁瓦：

　　还有一个悖论：您说，马克思是生命哲学家，是关于个体生命的哲学家……如何论证您的这种说法？

亨利：

　　当马克思发现实践的时候，他以绝对的方式把实践解释为劳动者的个体生命的一种活动。正是这个概念被用作经济分析的起点。实际上，马克思首先追问的是经济世界的可能性，尤其是市场经济的可能性。

　　经济学的经典理论家，在商品交换之中看到了产生这些商品的劳动的交换。然而，如果这是真的，劳动首先是个体的劳动，包含在其主体性之中，在其生命的努力的体验之中，并且带着其自身的时间性，这是无法交换的。在《政治经济学批判大纲》的多个文本中，马克思对这一点非常明确。

　　马克思的分析将揭示出，从个体现实出发，经济如何出现，个体现实既先于经济，又不同于经济。只有当劳动不再是个体自身的劳动，只有当有人用客体等价物来取代个体生命的劳动，经济才是可能的。对于单个人所体验到的努力，任意的两个人都是不同的——有人强一点，有人弱一点，马克思在《哥达纲领批判》中谈到这一点，要注意的是，这并不是一个青年时期的文本，对于这种纯粹个人的、不可表象的、不可量化的努力，人们会用某种能够量化的、可以比较的东西加以取代。这就是客观的时间，抽象劳动的时间，对立于活生生的主体的生命时间，正如马克思所指出的。

或者说，在马克思这里，对经济有两个批判，人们对此没有作出足够的区分。

一个是对资本主义的批判，这是众所周知的，马克思揭示出，工人的全部劳动并没有得到应有的报酬，剩余劳动没有得到支付并由此形成了剩余价值。

一个是对一般意义上的交换经济的批判，这一批判是在一种更为根本的意义上进行的。这个观念主张，不可能用金钱来取代每个人的劳动。即使人们支付工人的全部劳动，但在这样一种取代中，仍然有着某种错误的东西。因为根本没有什么等价物能让生命劳动变成交换价值。

因此，马克思的终极追问就是摒弃这种预先的取代。

德鲁瓦：

在达到这一点之前，如果您能详细解释下如何让个体的概念扮演如此核心的角色，那将很有帮助。因为，马克思也讲过一些很严厉的话来反对个人，例如在《论犹太人问题》中。

亨利：

诸如《论犹太人问题》这些文本，马克思确实痛斥了个体概念，但是这些文本还是黑格尔式和费尔巴哈式的。这些文本基于一种形而上学，而这种形而上学将首要性归普遍，就此而言，个体只有加入某种比自身更广泛的实体才能存在。

如果马克思做到了对黑格尔说"不"，这些命题就应当被取消。这些命题后来的确被取消了。当大写的人（L'homme）从其追问中被排除，我们就可以看到，在《德意志意识形态》中，"活生生的个体"出现了。

德鲁瓦：

然而，在同一个文本（《德意志意识形态》）之中，马克思激烈地攻击施蒂纳，以及"个体"。

亨利：

但是，马克思批判的是施蒂纳的个体，由意识和思想所定义的个体。施蒂纳式的个体主义者统治着现实，因为他将个体归结为意识的一种表象。改变现实对施蒂纳来说也就是改变意识：只需敬畏国家，就可以变得自由。

对于施蒂纳的观点，马克思用真正的个体来加以反对，真正的个体是通过他的生存、实践、需求、痛苦来定义的。这种实在的个体能够更好地改变他的意识，但这不能改变他的痛苦。相对于施蒂纳那里，局限于对表象的改变，马克思拿出来与之对立的，是实在的行动，是对之生命的改变。

德鲁瓦：

也就是说社会主义？

亨利：

我相信，在马克思那里有一个极限的观念，即经济、交换价值和金钱的取消。这是一个极限，但不是一个虚构。因为，在关于生产力的分析中，马克思已经发现了两个异质的因素：一个是主体的因素，单独创造出价值的生命劳动；一个是客体的因素，劳动工具和原始资料。然而，生产力的整个历史，最终会回到在生产之中客体因素的渐渐侵入。因此，理论上，人们就倾向于走向极限，走向一种完全自动化的生产，在这种生产中，生命劳动将被排除，从而最终既不再有价值也不再有利润。

这样一个生产系统，不断地减少用于工作的时间，从而让个体自由地生活着。这将是生存结构的一次巨大震撼，也许还涉及存在。因为，直到现在，正如《德意志意识形态》所强调的，人们的生命与生产相一致，付出艰苦的努力去获得温饱，满足衣食住行……异化地活着，就是仅仅为了不死而活着。

但是，如果人们继续发展某种关于人性的观点，人将拥有越来越多的"自由时间"，这就产生新的问题。因为，工作所给出的某种安全感，即使是令人难受的，也将会消失。为了让这种解放不至于转变为烦恼，马克思认为，必须"让个体归还给他自己，归还给艺术和科学活动"。

德鲁瓦：

这种处境还很遥远。在当今世界，掌权的马克思主义似乎并没有走上这条路，哪怕人们很少这样说。那么，问题又来了：回到马克思，超越一个世纪以来，历史中具体事件，难道不就是追求一种乌托邦式的民主吗？

亨利：

在我看来，认为有一种历史现实的正确，世界历史也是世界的法庭，这完全就是黑格尔式的观念。这也是某种"马克思主义"的观念，但这未必符合马克思本人的精神。

回到一个先于马克思主义的马克思，先于实际历史现实的马克思，在我看来既是可能的，也是必要的。目前令人失望的种种特征，在我看来，正是来自没有认识到以下事实，即对于马克思而言，个体是主动的原则。正是实践，作为个体努力的实践，作为某种有机主体性的活动的实践，是一切的基础。必须从这个充满生机的自我开始，重新出发。

3　　“文化需要哲学，才不至于失控与偏航”

与德鲁瓦的对谈[1]

德鲁瓦（Roger Pol Droit）：

何种道路引导您进入第一本书《显现的本质》中的那些分析？

亨利：

就我而言，这一道路可以回溯到我与哲学的最初相遇，也就是在高中毕业班那一年。我的哲学教师，他的课抽象而难懂。整个班级在后面窃窃私语。我却发现，我能听明白。当时我的印象是，发现了一个无比美好的世界，如同走进一座森林。我开始体会到，掌握这些观念时，人们可以获得的那种无与伦比的欢乐。

1　发表在 1986 年 2 月 9—10 日版的《世界报》，关于《精神分析的谱系学》（*Généalogie de la psychanalyse*, P. U. F, 1985）一书。文章转载于 R. P. Droit, *La compagniedes contemporains*, Odile Jacot, 2002。

那时我阅读了法国新康德主义哲学家的一些文本，如拉雪里耶[1]。我曾经学习去分析，一个自由主体的思想如何建构并安排世界。同时，也体会到这样的观点我无法赞同，但显然在那时候，我还没有能力清楚地表述出来。那时我就感到，这种思考着主体性的哲学，并不能对应我具体而实在地体验到的东西。

对我而言，这些事情真正地变得清楚，要等到很久之后，当我发现我的身体是主体性的，尤其是这种主体性的本质是生命，在自身的痛苦与欢乐之中体验自身，也就是说感受性（affectivité）和遭受（le pathos），而根本不是纯粹的理知（la pure intellection）。

德鲁瓦：

正如您所说的，在情感中您发现了这种"绝对的主体性"的基础，令人奇怪的是，您选择花长达十年的时间、近千页的篇幅来解读马克思。马克思，难道不是一位首先追求客观性、科学性的思想家，而且处在"生命哲学"的对立面？

亨利：

不应该把马克思与马克思主义对他造成的影响混淆起来，马克思主义在人们还没有认识到马克思的哲学论述之前就形成了，例如，《德意志意识形态》直至1932年才得以出版。

我只是简单地想用一些我认为可理解性的原则来解读马克

1　［译注］拉雪里耶（Jules Lachelier, 1832—1918），法国新康德主义哲学家。

思。在我看来，马克思的思路的本质部分，基于一种关于生命，关于活生生的、主体性的劳动的思考，正如他自己所清楚地说明的：唯有生命劳动是价值的生产者。

因为社会的具体现实，对于马克思而言，并不是人们所表象出来的意识，而是由主体在其活动中建构的、隐蔽的因素，通过一种实践，任何关于表象的思想都无法还原到实践。

整个经济体系只能从某种感受痛苦的生命（une vie souffrante）的存在开始理解，这一生命为了满足自身的需求，改造自然以便让他的痛苦得到转化。在马克思的极为深刻的直观中——这些直观是由一种真正的哲学的概念化力量所支持的——所涉及的始终都在于通过主体的东西、通过活生生的个体性来考察客观。

至少，这就是我的观点，即使这种解读与官方学说背道而驰。

德鲁瓦：

能否说弗洛伊德也是一位"生命哲学家"？

亨利：

并不十分准确。首先，因为真正说来，弗洛伊德并不是一个哲学家。我更多是试图去理解，弗洛伊德在现代思想中继承了哪些东西。在我看来，他继承了西方思想中规定生命的条件。最终，相对于意识的表象，无意识是生命的另一个名字。在经典问题所提出的地方——经典问题统统都是关于认识的——弗洛伊德提出了欲望、本能、身体、感受性的问题……以及关于人的整个维度，这些东西在笛卡尔以来的现代思想史中都饱受压抑。

德鲁瓦：

您的《精神分析的谱系学》一书，并不仅聚焦于精神分析，更是建构了一种令人惊叹的，从笛卡尔到弗洛伊德，途经康德、叔本华、尼采等人的所谓现代的巨大场景。文本一开始，就有着一段关于哲学的这种转向的全新分析，关于笛卡尔式的我思，尽管人们都以为耳熟能详了。但正如您所说的，笛卡尔是一个模棱两可的哲学家，这是在何种意义上说的？

亨利：

笛卡尔所寻求的，乃是在其总体客观性中的科学知识（由伽利略所建立）的基础。然而，这根本不是他最终找到的东西。

实际上，"我思"是这样一个令人惊叹甚至激动人心的时刻，在我所表象的东西之下，相对于那些与自然、与知识的一切关系，还有更为深刻的东西，笛卡尔发现了这种彻底的、静默的内在维度，仅仅是关于我所体验到的事物的维度。这种纯粹的关于自身的情感，完全不是一种思想（就我们通常赋予思想这个词的意义而言），这其实就是生命，感受性——笛卡尔称之为"灵魂"。让我们重读一下关于怀疑的这几处伟大文本：在梦中，怀疑能够将一切置之度外，除了我再次感受到的恐惧的体验。在视觉中，尽管看到的东西是错误的，这里仍然存在一个事实，灵魂感到自身在观看（sentimentus nos videre，笛卡尔说道）。

这个绝对主体性的维度，笛卡尔将其彻底暴露出来，却又将其关闭并且加以压制，因为笛卡尔的计划是建构起一种客观的科学知识——这个计划将被康德重拾并深化，从而抵达一种真正的关于表象的形而上学。

德鲁瓦：

在您看来，唯有叔本华对此进行了质疑？

亨利：

绝对如此。即便有可能只是一个糟糕的哲学家，但叔本华无论如何也是一个天才式的思想家。叔本华使人性的一个关键维度得以发现，这个维度规定着人的表象：生命的力量和感受，这些东西曾经被哲学家们拒之门外，哲学家们仅仅基于认识和科学来展开思想。叔本华是第一个提出这样的问题的人，这也是弗洛伊德后来提出的问题之一：到底是什么，促使一个爱人选择这个人作为伴侣，而不是另一个？在许多方面，弗洛伊德直接继承了叔本华。

德鲁瓦：

但是，这并没有妨碍弗洛伊德同时是科学知识计划的继承者。

亨利：

这正是弗洛伊德矛盾的地方，也正是这一点，能够解释诸如无意识的概念的模糊不清。

如果我们考察一下 1912 年关于无意识的注解（这个注解预告了《元心理学》这篇文章）；我们非常清晰地看到弗洛伊德的步骤。首先，在第一阶段，他从记忆现象出发，证明了无意识的存在。当我形成一个回忆时，也有许多我未能形成的回忆。这些未形成的回忆在哪儿？在无意识之中。在这里，我们处在表象的场景之中：如果存在就是那被表象的东西，那未被表象的东西就是无意识。

我驳斥了这样一种构想，因为这样一种表象虽然还没有被当下化，但并不因此就是无意识。它只是没有被形成出来——人们并不因此就被迫去想象一个包含着所有的"无意识表象"的容器，来将它们贮存起来——这个错误，也是弗洛伊德、柏格森和同时代的所有心理学家共有的错误。

另一方面，在同一个文本中，弗洛伊德给出了第二个论证来支持无意识的存在，这个论证却是在一个完全不同的层次进行的。弗洛伊德肯定，某种潜在的事物能够行动，这与古典哲学的前见完全相反，古典哲学认为潜在的事物是无法行动的。于是，无意识所命名的，就是行动中的力量、行动着的冲动，这种力量的活动既没有被表象，也无法被表象，这就是生命。精神分析最深刻的直观，就在于指向这样一种生存的地带，这种生存先于一切表象，然而我们对它只能有一种模糊的意识，就是感受

(l'affect)。弗洛伊德清楚地看到，感受本身是永远无法被压制的。

当弗洛伊德走向其思想的深处时，他谈到了烦恼，烦恼是这样一种力比多，没有得到利用却又无法支撑自身。弗洛伊德还表达出，满载着情感的生存，想要摆脱自身，但是在任何时刻都无法让自身得到休息。就此意义而言，精神分析当然是关于生命的一种思想。

德鲁瓦：

说得草率一点，如果我们承认，那些追求客观性的思想，实际上却是基于对生命的掌控和遗忘，那么哲学能做什么？

亨利：

这是一个严峻的问题，也不可能给出一个简短的回答，尽管如此，还是可以有一个答案。

在一定意义上，除了生存，哲学并不能做出什么来反对技术。只要还有一本哲学书，以及这本书有一个读者，只要这本书能勾勒出一种源于生命的思想，就会有某种东西避开技术并且抵抗技术。这虽然微不足道，但也许极为关键。

因为，哲学让那些真正重要的问题变得能够被理解，避免被那些不重要的思想欺骗。显然，文化并没有局限在哲学之中。文学、音乐、绘画，以及所有的创造的形式，都是文化不可缺少的一部分。但是，文化需要哲学，才不至于失控与偏航。

然而，正如文化需要哲学，我们所生活的世界也需要文化，这是一种生命的需要。在一个因进步而自由时间越来越多的社会，文化将变成人类的第一需要，如果它还没有变成第一需要的话。因为文化建构了我们的能量的唯一一种不受限制的运用，用来对抗烦忧的唯一解药。这个回答也许太过乐观了……

4 关于《野蛮》的访谈

与菲利普·德·圣-罗伯特的谈话 [1]

圣-罗伯特 (Philippe de Saint-Robert)：

　　我们今天采访的是米歇尔·亨利，他刚刚在格拉塞（Grasset）出版社出版了一部著作，书名为《野蛮》，人们对此议论纷纷，我想先用一个比较直白的问题来开启我们的谈话：您如何敢写这本书？

米歇尔·亨利：

　　我并不是太敢。这本书更像是长期研究的结果。我曾经在别的一些问题上得出若干原则，这些原则要求对于我所谓生命的理解，不再是在生物学意义上的生命，而是就每个人赋予这个词的意义而言的，在我看来，似乎我的这些设想使我们周遭世界（现

1　本文系"法国广播文化台"（France-Culture）在作者的《野蛮》（*La barbarie*, Grasset, 1987）一书出版之际所作的谈话。

代世界）的某些面向变得可以理解。我尝试展示这些结论。

圣-罗伯特：

是的，但这部著作包含了对今天我们这个社会的一个可怕判断。您刚才谈到了生命，您写道："生命已经不再成为我们社会的基础。"并且，如果我理解得不算太错，由此可以推出，通过您对媒体系统的整个批判，我们的社会处在一种普遍的去文化（déculturat-ion）的过程中。我问"您如何敢"，这是因为您在一个已经波澜四起的水塘里又扔进一块可怕的砖头。

亨利：

实际上，这里确实涉及一个判断，但它是基于某种观察。在我看来，现代世界有极深的统一性，即使这个统一性很大程度上是否定性的，我们可以把握其原则，只要上溯到其源头。因为，正是在其源头，事物才得以在其纯粹性和简单性之中得到描述。然而，如果我们回溯到现代的源头，我们就看到一种完全新颖的科学的诞生，这门科学是由一些天才的创造者建立的，即伽利略、笛卡尔，如果我们回溯他们的所作所为，我们就可以观察到在他们那里有一种极为清晰的意图，即对您刚才所谈及的生命加以排除。当然，他们根本不希望他们的工作结论仅限于此。在他们眼中，对生命的排除（exclusion de la vie）是基于纯粹方法论上的一种要求。这里涉及的，是要去认识物质的宇宙。对于这样一种认识，伽利略认为，最好把人们所谓的可感性质的东西从这个宇宙中拿掉，存而不论。因为我们所生活在其中的世界是可感的，这是一个有着声音，有着多种颜色、多种气味的宇宙。作为人类，我们不能设想一个完全除掉可感性质的宇宙，对我们而言，正是这些可感性质造成了宇宙的现实性。然而，这也正是科学需要进行清楚的解释的东西——但是，这种解释却是在一个特定的方法论视角之中。此外，伽利略所追求的东西完全不同于今天人们认为的，伽利略本想要捍卫基督教信仰，反对学术科学，在他看来后者是糟糕的。他想要中断宗教与他认为过时了的诸种科学观念的联系。他的计划是建立起一种不同于中世纪经院神学的科学。在这个目的下，他坚决地实施了对感性的排除，也就是说排除了主体性或者说我们的生命。但是，他研究的对象是物质的、非感性的，这个对象一旦被简化为空间的形态，其认识方式就是几何学。正是几何学使之能够获得一种稳定的、明见的知识，笛卡尔重拾了这些基础的直观，并前进了一步，即有可能将这些几何形式都用数学表示出来。从这时起，整个现代科学所赖以成立的东西就内在于这个计划之中，并规定着我们获得关于宇宙的客观的、真实知识时的思维方式。但这个计划并非不可置疑。

罗伯特：

这正是您的思路。而这一思路就抵达了一部作品，带有我很久以来所读过的对我们当代社会所作的最严厉的判断之一，您说道，当代社会确切说来已经逃向当下，也就是说在无意义之中，因为当下是反历史的、反形而上学的，与一切因果性切断。因此，我们获得一些印象，您所描述的这种因果性将社会抛入世界中，这种社会与产生它的东西发生了断裂，从而陷入某种瘫痪或者机械化，人们向我们每天谈论的社会，从某种方式来说，就是一种象征。那么，什么是野蛮？您说过，野蛮是一种未被使用的能量（énergie inemployée）。您还说：文化是能量的解放。

亨利：

是的，也就是说，现代世界的奠基者已经定义了关于物质自然的客观知识，然而，我们的人性与之迥异，而正是人性，被完全地弃置在一旁。我们不再关心我们自身的问题，即关于主体性和生命的问题……然而，在过去的诸种伟大文化中，这种生命，既是能量又是力量，投入各种生产，包括文化的生产，这些生产与生命相适合，因为它们乃是使这种力量得以解放并且当下化的机缘。

罗伯特：

那么，我引用一下您的话，"文化是审美形象在主体性中的自行增长，乃是生命在其完成之中的本质"。

亨利：

是的，如果生命的本质就是如此，因为我对尼采的说法也有过不少反思。如果生命是一种不断增长的权能（pouvoir），问题就在于如何让这种权能得以演绎和完成。例如，让我们考察一下艺术。艺术就是对生命的这种要求的一种回应。正如我所说的，眼睛想要看到更多，什么是绘画，难道不是对一些形式和颜色的某种安排，从而使得眼睛得以扩展其观看的能力？因此，在艺术与生命最内在的要求之间，存在着某种完美的呼应。这也是伦理学的情况，伦理学在于去寻求一些行动，这些行动是生命的尺度——或者，所有的精神性的形式，都希望给予此生以一些机会，去抵达生命的最完备的发展。但是，所有这一切都与某种知识联系在一起。这里就有某种审美知识，某种道德知识，某种精神知识……

罗伯特：

但是，把我们抛入这种您所说的非人状态（l'inhumain）的断裂，又是如何被创造出来的？

亨利：

这种断裂体现在这一点：科学知识要求某种霸权。科学知识宣称它是唯一的知识，因此就把我们刚才所谈到的所有这些文化形式都忽视了。

罗伯特：

是科学知识，还是技术知识？

亨利：

实际上，必须对二者进行区分。科学就其本身而言，并不是有罪的。这是一种令人赞叹的东西，但科学其实什么都没言说。科学是绝对的沉默。

罗伯特：

因此，您所否定的，实际上是技术的自治。

亨利：

我要否定两点。首先，存在某种意识形态，控制着科学的发展并且肯定地认为，科学是人类所能够拥有的唯一的知识方式，这是极其严重的，因为这意味着将艺术、伦理、宗教等全都归为无意义的东西。其次，在科学的发展后，技术完全地改变了性质。

罗伯特：

您说过，技术使我们成为技术—经济装置中的一个齿轮。

亨利：

确实如此。但是，在给出这个定义之前，我似乎记得我曾细心地描述过，技术并非一直如此。换言之，我的书根本不在于批判技术本身。我要揭示的东西恰恰相反。存在某种技术，是与人的生存条件合为一体的，因为第一技术、原始技术，就是人的身体本身。因为技术是一种本领（savoir-faire）。人拥有的最早的本领，不是别的，就是掌控自己的身体。因此，有着某种技术，其施展与生命本身相一致，其发展与生命体的努力密不可分。如果这样设想的话，这种本领就构成了人的自身的完成，直到最近一个时期，人类的全部工作都仍然停留在这方面，我们不能遗忘这一点。我们也不要无视：人类已经存在了成千上万年，现代科学则只有三到四个世纪。至于真正现代意义上的技术，就我们所赋予的意义而言，则是更为晚近的事情。于是，在这种变化产生时，技术……

罗伯特：

因此，技术与经济体系紧密相联？……

亨利：

是的，以前，技术与人的生命相联，与人的工作、身体活动协调一致，但是，这种技术已经完全被改变了。不再是生命的知识来产生技术，而是科学的知识，也就是一种把生命置于一旁的知识，从这时起，技术在某种程度上以某种方式改变了自然环境，对此我们几乎可以理解。技术，曾经是我们之所为，曾经是我们的生命，现在完全变成了科学所构想的无数客观程序的集合，把人的生命加上括号。我们现在所面对的，正是现代技术这种特殊技术。于是，实际上，这种技术给人类带来非常严重的问题——因为真正说来，这种技术似乎可以无穷地扩展其能力。我们甚至可以踏上月球，不是吗？

罗伯特：

这是一种实在的自治，还是一种幻相？

亨利：

一切都在这里。这是一种幻相的自治，我们今天可以这样说——我相信，很多分析者都会同意我——技术允诺了人对于自然的这种充满幻想的能力，正如笛卡尔在现代技术的源头处所思考的，他相信技术将使人变成"自然的主人和拥有者"，但这种绝对的主宰并没有实现，因为关系被颠倒了。

罗伯特：

这相当于《创世记》的最初几行。

亨利：

确实如此。我们应该谈论这种颠倒，因为我们都目睹了一种非同寻常的境况，技术相对于人类而言变得越来越自治，也就是说完全逃脱了人类的控制。很容易证明这一点，就此而言，我所做的不过是重拾了一些已有的分析，我对这些分析十分赞同：在我们现代的某一特定时刻，从技术的某种集合出发——我们说，技术是被限定的——我们可以设想一种新的技术，毫无疑问，这种新技术将会出现，而在其出现之前，却没有任何协商、没有任何伦理选择，这一点绝对十分可怕。也就是说，这种技术被构想出来，因为它是可能的。而且，这种新技术总会被构想出来，如果不是在加利福尼亚，那就是在日本，如果不是在日本，也将出现在某处……这确实是令人恐惧的。

罗伯特：

　　然而，让我们看一看基因领域，这里总是有一个争论，围绕着基因的设定问题——这个问题也许从某些方面来讲是人为的。

亨利：

　　我不太肯定，因为我想，实际上……

罗伯特：

　　……这表明对您刚才所否弃的，有一种反对意见。

亨利：

　　是有一些反对意见，但在我看来，这种反对意见更是对我所提的问题的一个验证。

罗伯特：

　　亨利，我引用一下您的一段话："政治上的从属意味着总体主义，经济上的从属，是对一切形式的活动的取代，特别是对智性和精神性活动的取代，目的性就变得完全陌生了。"由此出发，您得出了一系列的观察和结论。您说过，在当今世界，在当今的技术之中，交流不再是人与人之间活生生的关系，对此人们已经谈论过许多。我们有一种感受，似乎我们在交流，却不知道我们所交流的是什么。您说过，文化被判定为处在地下状态之中。您还观察到，教育学变成一门自治的科学，然而教育学不应该是这样。哲学本身倾向于沦为对科学知识的一种反思，而科学知识是作为唯一有价值的东西被给予。您说过，人们要将自然科学的研究方式引入古老的文学学科中，然而这恰是绝对不可能的。我还有两个与您有关的参照点：您说过，对语言学的掌握，最终使文学被遮蔽，使文学分析误入歧途。您还谈到了语言研究对文化的消除，使之完全简化为一种语言的实践使用。

亨利：

确实如此。

罗伯特：

这也导致了许多明显否定性的结论，这些结论对重新思考我们所生活的世界而言具有奠基作用，这是您从对这种野蛮的分析中得到的。自我逃逸，对您来说，就是媒体世界——您把它当成一种象征——实际上就是电视。

亨利：

正是这一点，您刚才一下子列举了很多东西。

罗伯特：

我要把我们带向更具体的东西，这样，人们才能够更敏感地理解，从您的哲学思考得出的全部结论。

亨利：

是的，但必须一个接一个地重新思考这些结论。

罗伯特：

可以注意到，这些结论形成一个自洽的整体。

亨利：

对此我深信不疑。这些结论全都来自这一事实——文化已经被置于一旁。传统文化及其基本形式，诸如艺术、伦理、精神性，所有这些都被置于一旁，从这时起，生命就只能苟延残喘。生命苟延残喘，却是以一种几乎野蛮的形式，以一种低级的形式，既然生命不再有伟大的模范，而正是因为这些模范生命才能够完成自身。

罗伯特：

更糟糕的是，生命变成了自身的模范。

亨利：

确实如此。但是一种无法完成自身的生命，正是我的其中一个命题，从中推出您刚才提到的大部分结论，一种无法完成自身的生命，是阴暗的，总是处在不满与焦虑的边缘。正是从这一刻起，统治现代世界的种种形象中的一种，也就是说逃逸，所有逃逸就揭示出来了。回到您长长的列举，从头到尾，我们可以重新考察一下对媒体的批判，这一批判主要针对电视，我承认这一点——相反，关于广播，广播则有利于人们去关注声音，也就是关注话语，广播是在某种无遮蔽状态中来重建话语。与之类似的还有纸质出版物，它构成了对媒体世界的一种对抗，反对图像的虚无化。如果我们在电视的意义上来理解媒体，电视是在没有任何预先协商的情况下被制作的，我相信这样说并无夸大之处。人们能够制作电视节目，于是人们就做了。但是，另一方面，那种作为工具的电视并不孤立存在。电视处在与这种已经自我逃逸了的生命的关系之中，电视对于这一生命而言，恰恰是使之能够拥有每时每刻自我逃逸的机会，逃逸到毫无价值的图像之中，这样的生命当然也不再能在其他活动中找到内在的自我完成。

罗伯特：

广告及其用法，都是漫画式的。电视在其内部创造了自身的漫画，就是广告，也就是所言说的东西都空洞无物的一种信息。

亨利：

确实如此。这种纯粹幻相的信息，基于某种幻觉。然而，我并不批判图像的文明，因为我们在谈论一种新的图像文明。这并不是真的：这是关于某种图像的新文明，这种图像是一种虚无，正如您所说的，这种图像是无意义的、不自洽的、无用的，迫使我们不断转到另一个图像。

罗伯特：

当下的东西切断了一切效果，也许是这样。

亨利：

这确实是当下的，被拔除了一切连接和抵达，因此也拔除了思想的过程和延续性……我同意这一点。

罗伯特：

您说过，媒体的语言，您还补充说，一些文盲的语言变成了规范，也就是说这里涉及教育。从此，价值就变成媒体的价值。在当今世界，价值已经是媒体的价值。

亨利：

您现在谈到了我专门论述大学教育的那一章[1]，实际上那里面包含着对这种机制极严厉的批评。

罗伯特：

您有一章是关于大学的毁灭。此外，我们也许能够对此谈一谈。

---

1 ［译注］指《野蛮》一书的第 7 章，标题为"大学的毁灭"。

您解释了为什么大学是如何由于您刚才所说和描述的一切而走向自我毁灭。

亨利：

是的，也就是说，大学在一开始就是自治的，其建立者曾经为自身立法。

罗伯特：

在这里，我们要回溯到中世纪，因为大学的自治……

亨利：

要理解大学，必须回到中世纪。

罗伯特：

中世纪的大学是一个令人赞叹的现象。我们甚至可以设想返回，但是拿破仑也曾经试过这种返回。

亨利：

完全不是一回事。在当今的大学中——可以观察到，您认为这是一个可怕的判断——科学学科具有越来越大的分量，这导致了对人文学科的伤害，这些学科承载着文化，而这些文化现在却被现代世界排除在外。

罗伯特：

对于这些，人们甚至还会问，毕竟人们仍然在实践、在介入……

亨利：

……在文科中引入一些统计学，在文学院里任命一些数学教授，如此等等。也就是说，文化本身不仅仅从外部遭到攻击，从而被渐渐挤压到一个越来越有限的位置，而且在其内部遭到攻击。人们要求文化改变自身，在某种程度上复制在科学领域之中才具有完美的价值的一些方法，然而这样就变得极为荒谬，确实，这一生命、这一主体性所追求的传统学科，成就着人的人性，因为正是通过这些学科，人类才得以不同于物质——正是通过以下事实，生命本身就是持续不断的经验，生命是某种体验着自身的东西，生命既是一种感知又是一种思想，其活动深深地扎根于主体性之中。想要将仅仅适合于无感性之物的处理方式，生搬硬套地运用到人文科学的领域，这导致了一个特别严重的理论问题，这个问题从未被恰当地提出，在开始之际就被视为已然解决。

罗伯特：

确实如此。您说过，我们常常抱怨参加过多的社交，但实际上，我们都变成了心理受援者。

亨利：

是的，这是电视直接导致的结果。为什么不这样命名呢？

罗伯特：

也就是说，有人给我们提供一些东西让我们思考。

亨利：

不止如此。让我们重新考察一下在电视出现之前的一些状态，甚至是在那些无法接触伟大文化的人那里。在乡下，农民们到了晚上就互相聚集起来。

罗伯特：

曾经有一种可被称为大众文化的东西。

亨利：

大众文化迫使每个人进入一种真正的个人活动，或者是创造性活动，或者作为听众，非常个人化。但从某一时刻起，如果有一个设备来给您提供图像、梦想、幻想、思想，您就成为剥夺的对象。实际上，您的心理内容是由其他东西产生的，某个非人格的、无名的、刻板的东西。

罗伯特：

在临床医学的意义上，我们可以称之为异化。

亨利：

在这个意义上也是，几乎是在完全临床医学的意义上而言的一种异化。显然，即使今天这样说，仍然未能使人们很好地认识到这是一个真正的问题，就对我这本书的接受而言，我感受到了这一点。

罗伯特：

当然，您触及我们这个社会的敏感神经，因为这本书毫无疑问大受欢迎……（笑）而且，有人骂总比没人读要好。

亨利：

我倒没有被人骂。即使很多媒体也热烈欢迎……

罗伯特：

这是否也是媒体的最高游戏，即将对它们的批评也整合进去？

亨利：

在一定意义上，媒体整合一切，包括即使有人对他们这样说："不，您不能将一切都整合，因为如果文化出自变动的人格，那么您的时间性将其排除出去，您不能将其整合……"他们仍然做同样的事情。但这里有一种意识，在我看来十分重要。在我看来，我并不完全绝望——于是，有人不断地指责我，您也以某种方式提到了这一点——因为我有所相信，在我所说的生命之中，即笛卡尔所谈论的灵魂之中。

罗伯特：

您认为，生命能够最终获胜？您书中的最后一句话，并非一种疯狂的乐观主义，但这句话也标志着某种希望，因为您写道："世界仍然可能被某些人拯救吗？"我是否可以说，在此处，您表现得非常柏拉图主义。

亨利：

只要您愿意。但无论如何，文化总是少数人的作品。然而，文化的逻辑过程在于扩散。

罗伯特：

就此，您说少数人的文化将有被边缘化的风险。

亨利：

确实如此，这非常严重。对我来说，这再次涉及一个观察：那些仍然阅读的人，大部分都只买那些由电视演员和足球冠军所写的书，而不是作家或者思想家的作品。

罗伯特：

但是，这难道不是早就已经存在？这些东西将很快就被遗忘。

亨利：

这确实是一些会被渐渐遗忘的东西，但同时，正是这些东西占据了当下人们的意识，错误地变成了热门的东西，在我看来，无论如何，所有人都应该获得文化，也就是说有权利成为其自身，去感知更多，去体验文化所带来的伟大情怀。

罗伯特：

如果不能将社会奠基在一种道德之上，那么能否将它奠基在某种美学之上？

亨利：

是的，因为这几乎是同样的东西。此外，几乎成为病症的是，艺术已经被这个世纪的伟大创造者们体验为一种希望，如果我们参考包豪斯非同寻常的经验的话，它在三十年代将伟大的画家和建筑师聚集在一起，比如康定斯基、克利、格罗皮乌斯。

罗伯特：

您非常喜欢康定斯基。您常常引用他。

亨利：

康定斯基，对我而言，是以肯定式来回答您问题的人，他说："今天，艺术的使命就在于拯救精神，让人类回到其精神归宿之中。"然而，直到今天，包豪斯的经验仍然没有回音，就此而言，我们变得极为悲观。

罗伯特：

最后，您几乎还触及了语言的问题。在您的书中读到这些，让我有些惊讶。

亨利：

我只是在书的最后简短地提及，我解释了电视如何摧毁了语言。我理解，这个问题是您所关注的，并且相信我也关注，这恰恰是我关于电视所作的未能充分展开的指责之一，即电视使用一种越来越模式化、越来越贫乏的语言。

罗伯特：

我想问问，是否不存在任何空间使得一种双速度的语言成为可能？您是否进入一个有着多种语言的社会？

亨利：

对于这个问题，您比我更清楚。

罗伯特：

根本不。

亨利：

是的，您完全有理由说好几种语言。但是，我相信，必须给语言一种最广泛的意义，不仅包括您所理解的本来意义的语言，而且要包括艺术的语言、形式的语言、某个城市的语言等。人们在其中所生活的城市，如果具有美感，那么对于他们而言就是一种语言，但是我们今天常常不得不承认，我们的城市不再这样，不再对我们说话。

罗伯特：

确实，日常沟通的语言越来越贫乏。这是无可置疑的。

亨利：

您也提到一个具体的问题了，我说过，必须通过伟大的作家所写的文本或者诗人创造的文本来学习法语，而不是通过一些已经带有社会学主义和媒体的狭隘特征的文件。

罗伯特：

您的下一步是什么？……

亨利：

为了揭示出并非一切都是否定的，我将尝试谈论绘画，解释一下绘画带给生命的东西……

罗伯特：

例如，您难道不厌恶现代绘画？

亨利：

恰恰相反，我研究康定斯基。

罗伯特：

亨利，非常感谢您。我再次请大家注意您的著作《野蛮》，出版于格拉塞出版社。

5   东方/西方：给个体带来何种命运？

与罗兰·瓦西尔德的谈话 [1]

瓦西尔德（Roland Vaschalde）：

鲜有哲学家，会针对当下的现实写一本书。因此，当下的现实在您看来似乎特别有典型意义……

亨利：

是的。不久前在东欧发生的一切，在后续的几个月以及几年里继续发生的一切，都可以说是非同寻常，因此并不只是一些简单的历史事件。发生在我们眼前的这些事件，向我们揭示出的，

---

1 关于《从共产主义到资本主义》（*Du communisme au capitalisme*，Odile Jacob，Paris，1990），这本书在苏联东欧剧变不久之后出版。［译注］访谈中所说的东方，主要指苏联和东欧。西方主要指西欧和美国等发达资本主义国家。瓦西尔德是亨利的学生和朋友，著有《追随米歇尔·亨利》（*Suivant Michel Henry*）、《自身体验与世界真理：从米歇尔·亨利出发》（*Epreuve de soi et vérité du monde: depuis Michel Henry*）等。

乃是我们时代深层的真理，既是关于西方的，也是关于东方的。

瓦西尔德：

　　因此，这些制度崩溃的第一个原因，并不在于突然地转向"民主理想"？

亨利：

　　当然不是。这些政治事件（向西方开放，民主化进程）仅仅是一个不可置疑的现象的表面包装：在一些国家，有些制度遭遇了失败。但这种失败本身要归因于一个更基本的事实：个体的危机。因为，最终，如果所有这些制度都饱受经济萧条的折磨，而政治的混乱只是这种萧条的后果，这是因为，不再有人愿意做任何事情。由此导致了没有什么能够生产出来，贫困无处不在，不可避免地导致以下后果：双重市场、非法交易、地下交易、谎言、盗窃、掠夺……

瓦西尔德：

　　因此，失败的原因首先并不在经济，而在于对生命个体的否定，否定个体的全部现实性的主动性原则？

亨利：

　　确实如此。每当人们不再鼓励个体，不再承认个体的贡献，例如以恰当的价钱支付他的劳动，个体就会放弃他的努力，变得装模作样，或者做得似模似样，这就导致整个经济和社会的装置停止运行。

瓦西尔德：

此外，在这方面，您看到了可以用来定义一切法西斯制度的标准。

亨利：

实际上，什么是一种总体主义的制度，尤其是，什么是一种法西斯主义的制度？难道不是这样一种制度：以某一种总体的名义，个体被贬低，最终被碾碎，人们宣称总体高于个人，这个总体可能是国家、人民、社会、阶级……然而，所有这些现实，都是由个体组成的，并且只能通过个体才能存在。由此就可以推出，例如，如果某个阶级是坏的阶级，与历史的运动背道而驰，这个阶级就应当被消除，由这个阶级所定义的所有的个体也是如此。这就是真理：每当有人宣称通过不同于他的人格性的东西来定义个体时，或者当有人将个体视作微不足道，当作物质宇宙的一个无意义的片段，最终只是虚无，从而对个体进行打击甚至使之消失就变得合法时，法西斯主义就出现了。

瓦西尔德：

然而，人们能否反驳说，正是生命的狂热，成了被人们视为法西斯主义的这些制度得以建立的借口？

亨利：

并非如此。生命在个体之外并不存在，法西斯主义总是蔑视个体。如果能够对个体进行监禁和杀害，这也总是以某种事业的名义，这种事业总是自称它远远大于个体。

正是对个体生命的蔑视，以及对个体的杀害，使法西斯主义总是与死亡关联在一起。"死亡万岁！"，这就是秩序的真正名字。当苏联红军逼近柏林时，希特勒下命令给党卫军，要求他们抽出施普雷河的河水，灌入城市的地铁中，为的是淹死那些想从地铁通道逃难的人。

瓦西尔德：

让我们回到之前的话题：这一失败，是否证明了马克思的经济分析的无效？

亨利：

完全不是。马克思是一位非常伟大的哲学家，了解他的思想的人都知道，他的深刻直观，与那些教条背道而驰[1]。然而，我们说过，马克思主义在个人那里看到的，只是社会规定性和社会规范的效果，例如，与阶级联系起来；而马克思则将个人视作宇宙之中唯一的、进行创造的活生生的力量。在经济层面上，正是

---

1 所有这些本质性的经济分析，都基于亨利献给德国哲学家的大全著作《马克思Ⅰ：一种现实的哲学》，《马克思Ⅱ：一种经济的哲学》（Gallimard, 1977）。结合最近这些事件重新阅读这两部著作，可以发现其仍具有独特的前瞻价值。

这个"活生生的个体",通过其个人化的活动,通过其"生命劳动",创造出财富的总体(包括由消费品组成的物质财富和作为货币的经济财富)。您何以将马克思的这些异乎寻常的命题与马克思主义调和在一起?

瓦西尔德:

因此,在这种共产主义与资本主义的体系之间,有着一种秘密而可悲的亲缘性:在理论和/或实践上对于个体的否定,通过一些抽象化的实体或者一些客观化的装置来取代个体。

亨利:

我相信,在这里我们触及这个时代的真正悲剧。在所有地方,人们都可以读到,国家的、计划的、官僚体制的经济已经遭到失败,这就证明了市场经济和企业自由的有效性;人们将后者视作个人自由的表达。然而,非常不幸的是,我们发现,市场不是别的,而只是一些经济规律的集合,这些经济规律对个体形成了碾压,让个体陷入失业,等等。确实,在19世纪以及今天,资本主义对个体进行了"剥削",正是基于无数个体的劳动与剩余劳动,资本主义才取得其成功。但是,资本主义本身,也通过一些抽象的实体来取代个体:经济价值、货币、各种形式的资本、利益……只要看看金融市场,就知道这些经济实体在多大程度上是根据一些超出个人能力的规律运行。

瓦西尔德：

资本主义本身，至少还一直与生命保持某种联系，首先是为了让其发展基于对生命力量的剥削，比资本主义更严重的，是资本主义当下所采取的技术—科学的形态，在您看来，这构成一种巨大的、致死的威胁。这种"进步"，为什么不是一种与生命的联系？

亨利：

现代资本主义的本质就在于，它不再是一种纯粹的资本主义，即仅仅基于对人及其剩余价值的剥削。这种资本主义还遭到了技术的侵蚀，而技术则是科学知识异乎寻常的发展的结果。资本主义固然加速这种技术的运动，然而时至今日，技术已经呈现出一种自主的发展，并且与利润法则、与我们的"货币世界"产生越来越多的冲突。因为作为经济价值的货币来自生命劳动，然而，技术以渐进的方式将这种劳动从"生产过程"中驱逐出去，也就是说，从当代的工业活动中驱逐出去。要领会这种巨大的矛盾的效果，不仅仅要在经济层面上（例如，失业率的上升），而且要考察一件更为重要的事实：在第三世界的许多国家，许多个体不是处在失业中，而是游离于经济循环之外，除了非法的交易和掠夺，根本没有别的生存手段。

瓦西尔德：

您的书中的第二个重大的主题，是关于政治权力的问题，我们已经谈到了法西斯主义。您的命题十分彻底：一般意义上的、所有的政治权力，都从原则上遭到了质疑。为什么？

亨利：

因为政治权力本身，也用一些抽象来取代活生生的个人，也就是说，诸如政治机构、权力的集合等组成了国家、管理机构，等等。然而，这些机构都变得完全地外在于个体，并且外在于个人的深层利益[1]。

瓦西尔德：

因此，必须重新思考民主的概念？

亨利：

确实如此。我们怎能忘记已经崩溃的这些制度，其名称都叫"民主"？如果在此是被理解为"人民"的统治的话。但是，在"人民"的名义下，有人犯下极大的罪恶，导致了恐怖、系统性的政治谋杀，这时"人民"就不存在了。至少，在这个词下面，应当理解的是，活生生的个体的集合，所有的"人群"的集合，伴随着他们的生命，他们的生命既是单纯的、痛苦的，也是无比精彩的。实际上，这种生命代表着人们能够指派给一个社会的唯一的目的，因此，也是一个社会的政治制度的目的。

---

1 参见亨利《生命现象学Ⅲ，论艺术、论政治》，(*Phénoménologie de la vie, t. Ⅲ, De l'art et du politique, P. U. F., Paris, coll. "Epiméthée"*, 2003—2004)。

瓦西尔德：

因此，必须强调，唯有一种关于作为本真的现实的个体的思想，才能够建立起一种关于社会宽容的伦理学，才能够避免威胁我们或者将会威胁我们的形形色色的极权主义。

亨利：

这正是本书的意义之一。

瓦西尔德：

关于我们社会的情况，您作了明显悲观的诊断，虽然如此，您这本书仍然以对希望的肯定作为结语。这种希望基于什么呢？

亨利：

基于生命，正如伟大的神秘主义者艾克哈特大师所言，生命如此美丽，从而人们总是愿意活着，即使不知道为什么活着。

瓦西尔德：

因此，首先并不是希望让人活着，而是生命就带有希望，我们知道，归根究底，生命本身总有最后的决定权。

亨利：

实际上，活着（vivre）带来的幸福，最终会是人类所有行为的基础。我相信，因为生命本身就承载着最伟大的力量，例如爱的力量，生命最终会战胜一切想要碾碎它的力量，包括生命本身所制造出来的力量，如经济、政治等。在今天，唯一的、真正的危险（danger），无所不在的危险，就在于生命丧失了对自身的信心，所有的文化、所有的精神生活都消失了，个体自暴自弃、流落到失望之中，并且最终走向自我毁灭。是的，在东方，真正的危难（péril）[1] 就在这里，也许在我们西方也是一样……

1　［译注］前面的危险，用的是 danger 一词；此处的危难，用的是 péril 一词，表示比前者更进一步，一种更深、更重、更致命的危险。

6   《物质现象学》及其他

—— 与奥利维耶·沙拉查-费雷尔的对谈 [1]

沙拉查-费雷尔（Oliver Salazar - Ferrer）：

在现象学中，您的哲学立场非常新颖，但也非常孤独。您的"物质现象学"，要冒着违背自古希腊以来的整个逻各斯传统的风险……您如何体验这种知性的孤独？站在意向性意识的传统之外，难道不是要克服巨大困难？

1　发表于 *Agone* 杂志，1991 年第四季度。在这篇谈话中，亨利回答了与他最近几部论著相关的问题，同时强调这些论著的统一性：什么是"物质现象学？——对于语言的自治性以及语文学一些主张的拒绝——康定斯基与关于不可见者的绘画，所有艺术的共同根基——对意向性现象学的批判，感受性的法则的定义——宇宙的大写生命与自身性——生命作为伦理学的基础——技术科学的自由发展的危险——马克思的真正思想：个体并不是社会的产物——涂尔干式的社会学的荒谬性——拒绝悲观主义。[译注] 对谈者沙拉查-费雷尔，苏格兰拉斯哥大学教授，主要研究文学和哲学。本章标题为译者所加。

亨利：

我同意您的说法。关于这种孤独我确实有所体会，但并未多加留意，而是作为一种自然而然、身处其中的周遭环境，因为这种孤独是我研究工作的条件。今天，这种孤独已经很大程度得到缓解：近两三年以来，以一种奇异的方式，这种孤独慢慢在现象学中引出一些裂缝，并且在这一时期，海德格尔在现象学界的影响渐渐被削弱，在海德格尔主义者那里也渐渐产生了一些质疑，同时人们加入对胡塞尔的批判性研究。因此我相信，很多年轻的现象学家转向关注我的思想，因为我的思想对这些大现象学家都提出了质疑。因为在保持对这些杰出思想家的敬意的同时，我总是采取一种批判性的立场，并一点一点地加以论证，从而在今天遇到了极大的反响。

沙拉查-费雷尔：

在您的文章《质料现象学与物质现象学》中，您捍卫了一种现象学的新导向，胡塞尔并未走上这条路，但是这条路却比胡塞尔所走的路更为本真。

亨利：

这个新导向，实际上已经潜在地包含在胡塞尔的早期研究工作中，在他生前未出版过的手稿中可以找到许多的痕迹。值得一提的是，这篇文章是诞生不久的《哲学》（*Philosophie*）杂志向我约的稿，杂志由弗兰克（Didier Franck）[1] 主编，他向我提出了一系列的问题，并且这个杂志在 1987 年为我设置了一个专号[2]。我只选择了一个问题，这个问题是这样表述的："相对于胡塞尔的质料现象学，您的现象学，我们如今称之为物质现象学，您是如何给它定位的?"正是这个问题，迫使我回到胡塞尔，并更好地衡量和明确我与胡塞尔的差别。正是在这篇文章中，我再次展示了关于彻底内在性的现象学，这种彻底内在性发现了一种显现，一种先于意向性的现象性，先于一切关于世界的关系以及先于一切的绽出（ek-stase）。正是这一思想，从一开始就处于我的全部作品和全部研究的核心，无论这些研究是关于哲学史的，是关于身体问题的，因而也是关于马克思的，还是关于笛卡尔的我思，也就是说关于整个哲学传统。最后，关于艺术，明天也许还要谈到伦理学。这涉及这样一种现象学，它接受了经典现象学的一些基本命题：本质就是显现，只有从显现出发，存在才能够被感知。然而，我所引入的学说相对于经典现象学的差别，到今天为止，开始获得了一些理解。现象学的显现只构成了一个很有限的区域：对于意向性之所是、对于绽出和世界的这类显现加以

---

1 ［译注］弗兰克，西巴黎南泰尔拉德芳斯大学（原巴黎第十大学）哲学系教授，法国现象学家。

2 1987 年夏季号的《哲学杂志》（总第 15 期），收录了四篇论文：1，Xavier Tiliette，《米歇尔·亨利：生命哲学》（"Michel Henry: la philosophie de la vie"）；2，Jacques Colette，《音乐与哲学》（"Musique et philsophie"）；3，Michel Haar，《米歇尔·亨利：在现象学与形而上学之间》（"Michel Henry entre phénoménologie et métaphysique"）；4，Michel Henry，《质料现象学与物质现象学》（"Phénoménologie hylétique et phénoménologie matérielle"）。

特殊的关注，就完全地遮蔽了一个更根本的显现，也就是存在本身的真正基础，今天我称之为大写生命（la Vie）——当然，这种大写生命是先验的，而不是生物学意义上的。大写生命在其显现时，完全属于另外一种类型，从而迫使我们以全新的方式重新定义所有问题，诸如身体的问题、劳动的问题、主动生命的问题等；重新安置意识问题，在感受性（affectivité）中可以看到某些更为本质性的东西，这种东西无所不在、运作不息，尤其是在与他人的关系之中——感受性被理解为原初的启示，作为生命的本质。现在，我还将继续深入研究这个问题。

沙拉查-费雷尔：

这篇文章的有趣之处在于，您讨论了时间问题。您对胡塞尔进行了指责，批评他在《内时间意识现象学》中没有思考时间。

亨利：

由斯坦因（Edith Stein）[1] 编辑的这些课程，构成了一个令人赞叹的文本。胡塞尔给现代哲学带来了可供无限思考的主题。然而，如果我们仔细探索一下，就不难发现像时间问题这样一个如此重要的问题，却仍然是依据某种现象性的传统构想来加以思考的，不仅在胡塞尔那里，在海德格尔那里也是如此，这个传统就其根本来说，就是把时间理解为世界的视域，也就是说作为绽

---

1 ［译注］斯坦因（1891—1942），德国现象学家，胡塞尔的学生。

出（ek-stase）。这种时间就是现象性的基础，在康德那里也是如此。因此，在一个如此紧要的问题上，仍然是基于一些来自遥远古代（也许是古希腊）的前提，它规定了我们关于现象性的观念，也引导着现象学的这些最新构想的研究。但这非常难以主题化，我也只是满足于指出问题，而未能真正地加以讨论，正是一种非绽出的时间的构想，迫使我们返回到大写生命，大写生命被理解为一种朝向自身的全程在场（omni-présence à soi-même），在变化的同时从未与自身分离。由此导致了时间构想一直依赖着的、现代思想不断加以重复的那种断裂，因此就消失了。实际上，在任何一个时刻，人都不能与自身分离。因为设想着在每一个瞬间，人首先滑向虚无，继而通过神秘的方式重新诞生，这将是荒谬的，人并非如此；然而，这却是胡塞尔的命题，而且这个命题还魅力十足。对我而言，大写生命的自行的全程在场，持续不断地进行修正，但从未离开自身，生命的神秘正在此处——这也是令人赞叹的！这里涉及的是一种关于时间的全新构想，我打算加以充分发展。在这篇文章中我所做的还只是一些暗示，但它们指向一种非绽出的时间的思想，也就是说，一种始终具有实在性的时间的观念，这种观念不再意味着自我的一个部分可以被视作已经过去或者尚未到来的非实在性。因为这将是完全荒谬的，似乎在自我（moi）之中有一些非现实的片段，处在无法被认识的现实的核心的旁边，而这个核心不断地被过去和未来所侵蚀，从而最终变成了某种类型的观念上的极限；我也将被还原为一种观念上的极限……思考一种关于完满性（plénitude）的时间，在这样的时间之中，大写生命完整地在场，这确定了一个宏大的哲学任务，到目前为止，我还只是给出了这个任务的草图。但是要明白，我的生命、我们的生命的真理就停留在这里，为此，对胡塞尔、海德格尔等人关于时间所作出的深刻构想必须被质疑，在我看来，这将是现象学的一个决定性进展。

沙拉查-费雷尔：

最终，您所捍卫的存在论，是一种关于完满的存在论。

亨利：

绝对如此，因为生命不承认失败——这一点完全对立于现代思想。萨特，曾经是法国第一个接受黑格尔和海德格尔遗产的人。他提出所有命题，尽管似是而非，都取得了巨大的成功——如以下命题，"我非其所是"，假设我是咖啡厅的男侍者，我就终生模仿咖啡厅里的侍者们的把戏——这些命题都是从黑格尔和海德格尔那里来的。在我看来，海德格尔的命题其实只是一个心理学的、非本真的表述，把虚无内置于存在的核心。但是，生命并不如此，与之相反，生命是您所提到的完满性。我越来越相信这一点。

沙拉查-费雷尔：

当您发表这篇文章时，在这一期的《哲学》杂志上（1987年，总第15期）还有几篇文章是关于您的思想，关于您与音乐的联系，以及您的哲学历程。

亨利：

这些文章非常清晰地揭示出我的思想还没有得到理解。这确实是一些非常有趣的文章，但是其中有一位海德格尔主义者，米歇尔·哈尔（Michel Haar）持一种矛盾的立场。他肯定了感受是关键性的；但与此同时，因为这不是海德格尔式的，所以是不可接受的。此外，我所谈论的生命，并不是生物学意义上的生命，这一点他也完全没有理解……当然，现在情况已经大为改观。

沙拉查-费雷尔：

如果我没记错，从中是可以发现一些误解，尤其是关于感受这一问题。米歇尔·哈尔作出让步，他承认感受是关键性的，有着一种先于一切意向性的支撑者，这个支撑者聚集了感受的所有能量。他也同意以下事实，这可以建构为一种绝对的、不可怀疑的基础，当然是某种价值论的基础。但是，人们经常指责您的是，意识的这种绝对的残余是静默不语的。您经常谈到在其自身的感受性，例如某种生命体关于自身的自我感发（auto-affection），这种自我感发拥有一种本质。有必要读读您在《野蛮》中所说的话，"［这种本质］表达了生命的法则"。我们可以提出以下问题：从这样一种生命的本质出发，如何派生出一种伦理学，一种美学，一种价值论？这种本质是否是静默不语的？接下来，与其说是一个问题，不如说是一个反驳：在您的哲学中，语言处于何种地位？在您的最近一本书《从共产主义到资本主义》中，我们可以读到，"也许所有的思想都是一种谋杀"。因此，我们可以追问一下，您所采取的这条道路，在传统之中如此独特，是否把您引向对语言、对思想与语言的关系进行一种批判，也许引向一种静寂（silence）的学说。

亨利：

您刚才谈到了很多东西。实际上，您提出了关于语言的问题。在我看来，这个反驳虽然未曾在这一期的《哲学》杂志中被表述出来，但是针对《显现的本质》，这一类反驳已经多次出现。如果大写生命是不可见的，如果大写生命是这种静寂，那么我如何能够言说生命？——我尤其要援引一下艾克哈特大师，他在我的思想中曾经扮演并且还将扮演极为重要的角色，真正说来，他是唯一还将给我很多教诲的哲学家。我如何能够去从事一种关于感受性的哲学，也就是说一种关于不可见者的现象学的研究？然而，今天这场对话的出发点是《物质现象学》一书，这本书中的第二篇研究是《现象学方法》，更为精确地带来了我对这个反驳的回应。我在文中揭示出，以何种方式，这种静默的主体性在其自身之中、在其主体性所体验自身之处，主体性自我感发，无视与世界的距离，无视光芒，无视希腊意义的逻各斯，而逻各斯则是在世界的光芒之中、在现象之中去找到现象学的某个基础。

然而，我们如何能够谈论这种主体性？我的回答是两方面的：以一种悖论的方式，我论证了在我这里谈论生命时所遭遇到的困难的命题，我总是以胡塞尔作为参照，同时揭示出，胡塞尔在未曾意识到的情况下遭遇到了同样困难，这是所有现象学方法也许都要有目的地加以扭转的困难。胡塞尔未能扭转这一困难，因为他用某种谋杀取代了这种大写生命，因为他用生命的本质，也就是说一种观念的本质，来取代这种人们体验到的大写生命——在胡塞尔这里，我们无法看到这种大写生命，大写生命需要屈从于明见性方法，这将引向失败。胡塞尔的本质主义所实践的这种取代，也证明了我的命题的真理。

但是，我们如何能够形成关于这一大写生命的观念性本质？作为对我的所有命题的确认，我作出了第二个回应：这种知识，在思想的观念性本质中变成了表象，或者是在一些更为特殊的本质之中变成表象，诸如回忆的本质、想象的本质等，这些都不是能够给予我真正的知识的方法；这也不是思想、记忆、想象力的本质直观，这种直观提供给我关于这种思想、记忆、想象力的认识，将这些视作先验生命的样式。给予我这些知识的是这种先验生命。这仅仅是因为我已经拥有这一生命，以及生命的诸种模态，并且在一种自我感发的形式之下，我才从源头处知道，什么是意愿，什么是欲望，等等，从而我能够在观念性本质的形式之下，对于我的生命的这样一些基本的模态形成表象。

因此，我回答了方法的问题，毫无疑问，也回答了您关于一般语言的问题。因为，如果语言是可能的——语言确实是可能的——恰恰是因为语言持续不断地从先验生命这里借来可以建构语言的知识。我想举一个刚才想到的例子，这与我正在准备的、将在巴黎高师进行的一场研讨班有关，主题是关于笛卡尔的我思。我遇到了语言的问题，我想要清晰地揭示出，在不同的哲学用法中，我思被还原为一种语言，同时肯定了，作为一个文本，我思又属于某种文本的、社会学的、历史学的解释，然而，关于我思的知识却根本不是来自语言。让我们引用弗洛伊德的一句话："焦虑是我们所有感受的必经之所。"这个命题被整合到我的哲学中，我的哲学将先验的感受性（affectivité transcendantale）视作生命的基础。如果我们在语言学的视角之内，反思一下这个命题，我们如何知道，这个命题说了什么？一个文本，如果仅仅从其文本建构和语法结构来看，真能让我们理解这个命题的意义？也就是说，焦虑是我们的所有感受都不得不经历的场所。显然不是这样，我之所以知道这个文本所说的意思，只是因为我已经知道什么是感受，什么是焦虑。我如何知道什么是焦虑？如果不是焦虑已经在我的生命中被刻画出来，我是不可能知道这一点的……或者，毋宁在于，因为"刻画"一词在此处是对外在性的一种并不恰当的呼吁，如果我体验到某种作为烦恼的东西以及一般意义上的感受，根据我对感受性的知识，仅仅是因为从作为感受性的大写生命的本质出发，某种焦虑才是可能的。

结果，这正是我对于这一类型的所有反驳的大致回应，有着一种基础的知识，但这种知识并非语言给出的。或者，必须将这种大写生命本身的这种感受性，这种焦虑，被称为语言。但是，称之为语言就是在玩文字游戏。因为，这里所涉及的是对某种感受性的主体性的体验，这就是我的生命——而且还多于我的生命，就我的生命并非仅仅是我的而言，这也是一种绝对意义上的大写生命。这里涉及一个核心问题。我相信，唯有如同艾克哈特大师这样的思想家才能够处理。也许，我们也能够在《约翰福音》中找到。不论如何，在《约翰福音》中，有着对于语言和希腊逻各斯的回答——约翰的逻各斯已经不再是希腊的逻各斯——这个回答邀请我们进入新的探索，对现象学而言这也构成一个新的转向。如果现象学并不属于过去，虽然现象学已经获得了许多辉煌的成果，这是因为仍然有一些根本性的问题摆在现象学的面前。

沙拉查-费雷尔：

最后，您处于知识时尚的对立面，这一时尚来自英语世界，倾向于信任语言，把语言看作世界的先验基石，例如在哈贝马斯和阿佩尔那里就是这样，几乎是走在与现象学相反的方向上。

亨利：

确实如此，这是与我相反的命题。我不仅打算给予存在的大厦一种完全不同的基础，而且尤其针对现象学本身。出于我前面提到的理由，并非某种现象学、某种语言分析，就可以建构用来理解那一切存在着的事物的第一块基石。恰恰相反，这种现象学，在我看来，可以说仍然是天真的，正如我刚才提到弗洛伊德的话时所说的，在这些体系之中，总是存在一个根本前提，仍然是他们根本不曾意识到的……

沙拉查-费雷尔：

让我们尝试一下，把这个语言的问题扩展到美学。阅读您的《看见不可见者：论康定斯基》，可以获得一个印象，您对一种美学理论十分着迷，这一理论最终在审美经验中取消了语言所造成的失真。

亨利：

对此我表示同意。我一直都十分喜爱绘画。最开始是喜爱现代绘画，后来我却有所改变，因为我发现，唯有古代绘画能够产生气度不凡的伟大作品。尤其是，如果一个人喜爱绘画，就会对所有形式、所有流派的绘画感兴趣。在康定斯基的某些画作，特别是他在巴黎时期的那些最难懂、最晚期的画作中，我完全地沉迷其中，我想要理解这种经验。一个偶然，如果确实还存在着偶然，让我沉浸到康定斯基所写的文本之中，康定斯基不仅以一种天才的方式将他自己的绘画加以理论化，还形成了一种普遍的美学理论。那时起，我就已经发现，美学的基础对应于我在哲学上捍卫的东西。康定斯基的证明是令人赞叹的，相对而言也易于进入，因为受益于他的绘画创造的支持，从而能够支持一些命题，而这些命题很明显地可以在现存的所有绘画中遇到。因为西方绘画，就其计划而言，是想要成为关于世界的绘画，在这个意义上，世界提供了手段、形态、形式、颜色。西方绘画证明了一种关于世界的构想和一种绽出式的思想，就其最深的意义而言，因为无论是形式还是颜色上的展开，都如同文字一般，处在纯粹世界之所是的先验外在性之中。康定斯基让我理解到，他想画出的是别的东西，就是他称为灵魂的、这种不可见的生命——这是一种悖论。于是，问题就出现了：如何可能？康定基斯回答了这一方法论问题，他说，人们能够画出不可见者，因为形式和颜色并不属于可见的世界。或者说，仅仅就某一方面而言，形式和颜色属于世界，就另一方面而言，这不是一个平面，而是面容的缺乏以及一种遭受（pathos），一个形式被选择只是因为其情绪力量，也就是说，因为这个形式是一种力量。在哲学生涯之初我就已经了解到，力量是一种彻底主体化的东西。至于颜色同样如此，颜色有一种感受性的维度。例如，对于康定斯基而言，黄色意味着侵犯性，蓝色意味着和平。这样，把不可见者绘成可见的关键，在这位大师这里得到了表达，得到了理论化，也得到了解释，这位大师终其一生都在对此进行检验。在哲学之外的领域，关于我关心的问题，从没有人能像康定斯基这样给我关键性的回答。于是，我怀着极大的幸福撰写了这本书。我尝试着面向在哲学之外的、更大范围的读者群而写作，最终令我欣喜的是，我满怀激情地完成了这本书。听您谈到这本书，我也十分开心。

沙拉查-费雷尔：

您是否认识康定斯基本人？

亨利：

不认识。尽管我本来有机会认识他的。1944 年，康定斯基逝世于巴黎，在他位于纳伊（Neuilly）[1] 的公寓中。在巴黎的这段时间，他揭开了绘画史上引人注目的一幕，不仅仅是给我国增添了光彩。1933 年，在纳粹上台之际，包豪斯被迫关闭，那时康定斯基已经非常有名。但那时候康定斯基已不再年轻，是一位上了年纪的大师，尽管他是抽象画的发明者。日本人和美国人都曾经邀请他，但他就还是来到了巴黎，几乎默默无闻地生活着。由于只有一个很小的画廊展出他的作品，他不得不缩减画作的尺寸，而有一些才华远不及他的画家，竟然也取得了成功。因为他选择了法国，他人生的最后阶段是有一点孤独的……直到今天，所有博物馆里都还挂着那些小尺寸的画作，而法国则极为幸运地获得了他夫人尼娜·康定斯基的一笔价值巨大的捐赠，尼娜·康定斯基提出的条件是所有画作都要得到永远的展示，不仅要展出，还要巡回展出。我对康定斯基基金，还有蓬皮杜中心难免有些报怨。康定斯基有许多精彩无比的作品还不被世人所知，然而毕加索的作品，不论好与坏，甚至都出现在巴黎各处的墙壁上。同样，还有纽约的古根海姆基金会，康定斯基画作的最大一部分就封存在那里，为了看到这些作品，我还费了不少周折。我需要基金会最正式的许可。在一个码头的货仓，我看到这些画作装在金属板块中，顺着滑槽从夜色中运送出来。康定斯基的杰出作品就在那里面。看到这些令人着迷的方块，从阴影中浮现出来，这个场景真是让人难以置信。我完全被震撼了，我在那里只有一个半

----

1 位于巴黎城区西北郊。

小时的时间，这还是特别优待才获得的。在欧洲，永久悬挂康定斯基重要画作的场馆，只有慕尼黑的伦巴赫美术馆，因为加布里埃·穆特（Gabrielle Münter）[1] 曾经在 1907 年至 1914 年与康定斯基生活在一起，她保留了这一时期康定斯基的一些作品，并妥善保存。这些作品全都早于抽象画的发现，是一种半图形式的油画，带有光芒四射的颜色。在伦巴赫美术馆也能找到一些令人赞叹的抽象作品，这些作品要求完全沉下心来静观。这也是为什么，康定斯基的作品从物质上说仍处于隐秘状态。

沙拉查-费雷尔：

因此，我们面临着某种囤积艺术作品的行为？

亨利：

绝对如此。我希望有一天，康定斯基能在纽约拥有一座属于他的博物馆，因为在纽约存放着八十多幅他的作品，还没有计入素描和版画。妮娜·康定斯基捐给法国的珍贵礼物也不容忽视。保罗·克利（Paul Klee）[2] 的一些作品也在她的赠品中。康定斯基和克利在包豪斯工作时，他们分别住在相邻的两栋房子里，每到周六晚上都互相拜访，互赠一些小礼物……归根结底，无论是康定斯基还是我，我们都根本不属于现代人的意识形态：我们都

---

1 ［译注］穆特（1877—1962），德国表现主义女画家。
2 ［译注］克利（1879—1940），瑞士画家。

相信某种近乎神圣的大写生命，相信一种无限的大写生命，这意味着，在这些博物馆之中根本无法找到位置，因为这些博物馆的管理者大都受制于一种大不相同的意识形态。出于同样的理由，在当代的媒体之中，也无法找到位置。

沙拉查-费雷尔：

实际上，您的艺术哲学是关于生命的表达，彻底地与现代意识形态对立。

亨利：

是的，这是一种完全不同的思想，也没有流行开来，除非这种思想来到前台，因为在意识形态和理智上的灾难和破产之中，这种灾难和破产也可以说是精神上的，空无是显然可见的如此巨大，这种空无召唤着别的东西。

沙拉查-费雷尔：

您和康定斯基的这种相似异乎寻常，因为在您关于绘画的研究中，您已经以某种方式回答了我此前提出的问题，即什么是生命的法则？实际上，很明显，在康定斯基的关于颜色之间的极其严格的对应关系中，也就是说在纯粹的性质和形式的对应中，已经非常明显了。

亨利：

生命的法则非常强大，这些法则要求与世界建立联系。眼睛可以看到这个或者那个事物，但这并非全属偶然，而是遵循着一种深刻的兴趣，这种兴趣就是生命的兴趣。这证明了什么？与世界的意向性关系，是一种绽出关系，在其自身中缺乏足够的理由，大写生命就驻留于这种关系中，因为不仅仅我在看，而且根据笛卡尔，我感觉到我在看。观看将我投射到世界之中，但是观看本身被一种大写的生命所驻留，大写的生命仍然停留在其自身中，乃是遭受性的，正是目光的遭受（pathos）能够解释目光之所见。因此，即使生命的法则是双重的，甚至与世界的关系不能仅仅从世界来解释，而且要从生命来解释，但要给予生命一词一种存在论的或者现象学的根本意义，即先验生命的意义。但是在内在性的层面，如果我们尝试思考大写生命，而不依赖于他与世界的关系，就会发现一些异乎寻常的法则，即纯粹感受性的法则，这些法则使得生命确切说来就是一种源始的"自我受苦"（se souffrir soi-même）与一种源始的"自我享乐"（jouir de soi），因为大写生命是一种自我体验，在其纯粹的主体性中、在其自我感发中，大写生命本身是一种纯粹的自身的"苦—乐"体验。这就是为什么，对人而言，诸如痛苦和快乐之类的事情是可能的。因此，我们生命的这样一些基本情调，在这种大写生命的本质中得到了解释并得以扎根，自然而然地，这些事件就造成的痛苦和快乐将生命带向一种苦乐交织的持续可逆运动。但这种可逆性的可能性本身应该得到解释：它根本不是无缘故的突然出现，而是一些事件，这些事件的法则都在先验生命中。因此，现象学应该揭示出这些根本法则。精神分析指向的所有的法则，远远不能通过语言或者世界加以解释，恰恰只能通过欲望，并且更深一层用感受来解释。此外，在弗洛伊德那里，虽然往往通过一种非本质的表述，表象的法则通常从属于感受的法则，这一点至关重要。我所做的只是试图解释这种根本处境，这种处境无法以经验的方式进行观察。但是为了这一点，必须有另一种现象学。实际上，今天的我们，已经见识到某种特定的现象学的衰落，而这将开启通向一种更深刻的现象学道路。这一衰落并不标志着现象学自身的终结，而只是我们所谓"希腊式"现象学的终结，如果海德格尔已经很好地理解了希腊，那么他的质疑进行得非常彻底，虽然某些人今天对此仍然有所保留。因此，这将为生命现象学留下地盘，生命现象学想要理解和掌握的是一种比世界的显现——世界的显现不过是光的显现——更为本质性的一种显现，这种显现当然既不可见又静默不语，使得感受的奇幻力量变得平坦，因为一种欲望并不是仍然在场的某种东西。如果有一种大写生命的运动，这种运动并不体现在那种投射到外部的光芒之中，而只是痛苦和欲望的运动。这种运动是最深刻的，不断地将一些存在抛向另一些存在，其结果在于引导我们去思考一种主体间性，这个主体间性不再是世间性的，而是基于人的冲动。胡塞尔的一些未刊手稿中，也提及了某种基于冲动的共同体，这种共同体就位于受苦的层面。

沙拉查-费雷尔：

最后，您试图要回应胡塞尔在著名的《笛卡尔式沉思》结尾中提出的难题，这一难题出自一种尝试，尝试着通过类比的概念过渡到他人。

亨利：

这个解决方案并不是意向性。在鲁汶召开的一场纪念胡塞尔的学术会议上，我发言的文本就是关于《笛卡尔式沉思》的第五沉思，它确切地回应了您所说的问题。我重新拾起对"第五沉思"的批判，从而揭示出，与他人的关系根本不能用意向性的方式来解释。这个文本发表在《物质现象学》之中，紧随其后的一个文本，题目为《通向一种共同体的现象学》，出自在"国际哲学学会"所作的一场讲座，在这个讲座中，我发表了关于感受性主体间性的研究。

沙拉查-费雷尔：

因此，现在您来到了形而上学与伦理学的交汇处。

亨利：

一种感受性主体间性的现象学，即一种前意向性的、前语言的现象学，是某种伦理学的最初的一些片断，因为十分确定的是，与他人的关系，如同与上帝的关系，在伦理学中十分关键。

沙拉查-费雷尔：

当我们阅读您关于康定斯基的论著时，很容易获得一种印象，即作品与被动的物体完全相反，一个被动的物体嵌入世界，没有任何的演变。

亨利：

您的问题让我感到欣慰，因为大写生命以及这部作品的真正存在，看似在外部，其实就在自我之中。作品就在大写生命中，因为如此这般的颜色已经被置于此处，由于作者的感受，这并不是因为世界中的对象本身带有这种颜色，而是这种颜色的感受性回响（résonance）。这种颜色之所以被选中，其理由并不在这个世界之中。这件事情，在图像式的绘画中，是如此地明显：如果有人观看一下《三博士朝圣》（une Adoration des Mages）[1]，画中三博士的披风的颜色，从来没有人见过——假设他们是有披风的。同样，当格吕内瓦尔德（Grunewald）[2] 画了《基督复活》，这是科尔玛（Colmar）的伊森海姆（Isenheim）祭坛装饰屏中的一面，他明显地选择了一些能够表达其情感价值的颜色，也就是具有形而上学意义的：白色，因为它意味着可能性；红色，因为这是生命的颜色；蓝色，因为这是和平的颜色。

1　[译注] 文艺复兴时期常见的圣经题材作品，又称"博士来拜""三王来朝"。达·芬奇、波提切利等许多名家都画过这一主题。

2　[译注] 格吕内瓦尔德（约 1470—1528），文艺复兴时期德国画家。伊森海姆祭坛画是多个条板构成、构思精奇的艺术杰作。当所有条板关闭时，只呈现中间的《耶稣钉刑图》，配以两侧的圣徒形象，以及下部的《哀悼基督之死》。当外部各条幅打开时，呈现三个画面：《天使传报》《基督诞生》《基督复活》。科尔马，法国东部城市。

于是毫无疑问，隶属于某个画作的某个审美因素，在外在的环境中，根本找不到这个审美因素的存在理由，也就是说，被选择的理由，这个理由只能是在大写生命中，在生命的变动中。这些形式也是如此，形式也是一种力量，更深刻地来说，所有的颜色都有一种情绪实在。这种情绪实在没有任何确定意义，好比在某个社会，黑色与哀悼相关联。在这里，只有在黑色被感觉到时，才有所谓黑色。因为所有的颜色都是一种被感觉到的印象，其原始存在属于主体性。所有的印象都对应于一种感受性的回响，我们称之为悲伤或者欢乐，以红色为例。因此，一个外在性的现象学，不可能定义这样一种美学。这也构成了对于我的生命现象学的一种重要证明，尽管是较迟才发现的证明。

沙拉查-费雷尔：

更有趣的是，图像学（iconologie）是在 20 世纪诞生的。我想到帕诺夫斯基（Panovsky）[1] 在其《论图像学》一书中承认的一句话，大意是人们关于一部作品所能够说的，无关这部作品本身的价值。

亨利：

当然，作品的价值，就是它的感受性价值。实际上，人们从来看不到它，但正是它，让我们的目光驻留，正是在它那里，作品的生命和力量得以存留。然而，这种生命也是我的生命，普遍

---

1 ［译注］帕诺夫斯基（Erwin Panovsky, 1892—1968），原籍德国的西方艺术史家。

的大写生命。

沙拉查-费雷尔：

在个体生命与普遍的大写生命（Vie universelle）之间的这种相遇，是否是一种和谐？

亨利：

换句话说，作品，如同我自身和其他人一样，我们在生命中，生命既是普遍生命，又是属于我自己的生命。这是一种神秘——一个极为困难的问题，近几年来我尝试加以解决：这种大写生命，既是普遍生命，又是我的生命，驻留着一种自身性，这种自身性在我或您这里得以特殊化。然而，每个生命体都应该说："我在生命之中，并不是我创造了自己，而是大写生命在我身上穿过，也只能在我身上穿过。"绝对的大写生命，或者神圣的大写生命，不断地自行感发，只能每一次都在其自身之中释放出某一个自身性，而这个自身性在每一次都是特殊的。我们就处在了某种奥秘的核心之处，这不仅仅是哲学的奥秘，而是存在本身的奥秘，最伟大的宗教都围绕着这种奥秘；当然，也包括基督教。

沙拉查-费雷尔：

当您在《野蛮》中谈到这个问题时，我们很容易想到斯宾诺莎，然而您从未引用他。

亨利：

不，我曾经撰写了硕士论文来研究斯宾诺莎，这部作品已经出版。确实，在我的思想形成中斯宾诺莎扮演了极为重要的角色。但是，随后为了明确自己的思想，我不再倾向于斯宾诺莎，因为在我看来他过于神秘。我不完全了解斯宾诺莎之所思。确实，现代思想曾经对斯宾诺莎的思想作了糟糕的运用，因为现代思想只记住了第二种认识方式（即理智）的斯宾诺莎，也就是说理性主义者。非常令人吃惊的是，人们将斯宾诺莎树立为某种类型的理性主义者。我背离了斯宾诺莎，因为在第三种认识的层次，在斯宾诺莎关于自我的理论中，将自我视作实体的一种无限的样式，这种解决问题的方式过于思辨。在他那里非常重要的就是内在的因果性，这一点完全是决定性的——例如在他的《简论上帝、人及其心灵健康》中。但是，斯宾诺莎式的思辨并不是我所采取的道路，我的道路是现象学式的。我曾经需要一条道路，顺着这条道路，我们不再只是作出肯定，而是进行体验，证明不再通过概念或者理论而给出（无论这些概念或理论多么有能耐），而是通过大写生命本身给出的。说到底，大写生命本身就包含了答案。

沙拉查-费雷尔：

您刚才提到了《约翰福音》。当您不得不去解释这样一个奥秘时，即自身性正是通过奥秘去把握和体验某种东西，某种超越自身又绝对特殊的东西，您所扩展的只是以下信念，即自身性参与到某种超越自身却又只能通过自身性才得以显现出来的东西。

亨利：

是的，这一点是决定性的。然而，如果我尝试去明确这一点，我要说，大写生命是自我感发的，它释放出一种自身性，从而必须在这个或那个自身性之中，因为一切体验都是在这种或那种体验之中。因此，在每个人之中，都有一个自我（moi）在自我感发，并且在生命中获得出生。通过这种先验的出生，自我继续地存在，在生命的运动之中不断地自我感发。正是出于这个理由，我的生命就是无限的、超出我的大写生命，并且自我实现，活在像我这样的生命中。这就是今天我所要说的全部。那超出我的，根本不是某种超验（transcendant）的东西，所谓超验，就"更大"这个表述而言，仍然只是一种假设，仍然需要证明。恰恰相反，超越自我的，就是在我之前就已经到来的，并且在它之中我才到来，因此乃是比我更深刻的东西，并且每个瞬间都会出现。艾克哈特大师是唯一说到这一点的人。问题就在于去理解，大写生命如何在其永恒的自动生成（auto-engendrement）中，也就是在其永恒的自行感发中，通过自身性的道路生成了诸多特殊的自身性，这些自身性互相平等，并且永不停息地属于这种大写生命的先验性本质。这是一种奥秘，但我相信，我们差不多可以参透这种奥秘。我感到我几乎理解了这一点。我曾经在一次学术会议上谈论上帝，有人要求我参加会议，去讨论圣安瑟尔谟的证明。我曾说这不是一个好的证明，我用另一条道路与之对立，即一条接近艾克哈特大师的道路，我解释了我们无法通过理智来证明上帝。所有这些证明都非常好，千真万确，但没有说服任何人。仅仅是在体验的层面上，体验使得一种比我的生命更大的生命，给我以意义，这是可能的。因此在这方面，现象学并不是纯然天真、全无作为，并不是说现象学想要抵达上帝，而是因为，当我发展出绝对内在性的现象学时，我根本没有关于上帝的思想背景。当我们发现这种生命和内在性的维度，我们就理解了，正是在这个层面，所有的问题都得以提出，诸如主体间性的问题、彻底内在的主体身体的问题。但是，也许还有上帝的问题。

沙拉查-费雷尔：

在这个时期，不是也有人重新考察伴随着奥古斯丁思想的产生所发生的事情，在《圣经》的理性化过程中，这种理性化把基督教的精神性投入希腊的逻各斯之中？

亨利：

就是这样，我还没有完成这一任务，但是我想要指出，拥有一定基础后，哲学领域的许多研究者、作家、诗人，也许还有一些创作者，从中可以看到一些可供探索的领域。一定意义上，我是尽我所能来做这件事。我觉得自己已经探索了身体与具体的大写生命的问题，也就是说大写生命的劳动，劳动的身体，在主体身体之中展开的力量。我曾不得不去重新思考整个经济学：我最近一本关于共产主义的作品就带有这一思考的痕迹。我也曾经不得不探索无意识的领域，现在我想要探索主体间性的问题。在最近这本书中，我以非常有计划的方式来工作，如果上帝留给我足够的生命与时间（笑……），我将冒险进入关于上帝的问题，这个问题如此之难——但是，同样地，带有若干因素，这些因素有一个基础。

沙拉查-费雷尔：

说到最后，您从来没有离开过奠基问题？

亨利：

是的，关于自行奠基，关于自行显现。在一定意义上，光是自我证明的，因为它能够照亮。有着大写生命，证据是由大写生命本身给出的。自身体验是不可置疑的。您能够批判一切，怀疑一切，一切物质的真理，如果您感觉不舒服，感觉痛苦，您就是不幸的，这里有着某种不可撼动的地基，任何人都无法质疑。因此，在现代思想中，对我思的所有批判，在我看来都非常愚蠢，或者说，这些批判根本就未能切中正题，完全驴唇不对马嘴。

沙拉查-费雷尔：

与您的立场相反，我记得克莉斯蒂娃（Julia Kristeva）[1] 有一篇文章，题目大概是：作为表述行为（performatif）的我思。在这篇文

---

1 ［译注］克里斯蒂娃（1941— ），当代法国著名哲学家、精神分析学家、女性主义思想家。

章中，我思被分析为一种语言行为，伴随着其对话式规则。

亨利：

在为准备研讨班而撰写的关于我思的文本中，我没有谈到这篇我完全不知道的文章，但我一开始就避开一切关于笛卡尔的我思的文本进路。

沙拉查-费雷尔：

我们看到您关于康定斯基的书出版，我们期待着这将是一本涉及音乐的书，因为说到最后，如果在大写生命与其自身在某种显现的协调中，有对于这种协调的可能表达的对等物，是否需要在音乐中寻找？音乐似乎不像绘画那样承载着那么厚重的意义遗产。

亨利：

确实如此。此外，还有一种历史联系，因为瓦格纳的音乐构想，理所当然地在康定斯基的思想中扮演着重要角色，在他观察到图像式绘画的失败之后，他称之为现实主义：在 19 世纪，绘画死了。在同一时期，康定斯基相信，他认识到在科学中也有一场关于物的严重危机，在波尔的物理学的影响下，物被解释为一种解体的东西。康定斯基把波尔的物理学应用到绘画中。如果物不再是令人感兴趣的，如果物消失了，那么还可以画什么？于是，音乐给康定斯基提供了指引。因为，不同于绘画的那些艺术，谈论些什么呢？音乐从来都不是图像式的。音乐言说什么？

音乐言说痛苦，言说生命，言说生命的乡愁和欢乐。这就是必须要画的东西。只要人们想到歌剧，音乐的这种功能就十分明显，也就是说歌剧是宇宙艺术的作品——总体艺术（Gesamtkunstwerk）[1]——这要求着所有的艺术的协助，以便扩展其情感力量，也就是说审美力量。然而，这种统一性的可能性，遭遇到了各种艺术的差异性：颜色和声音，运动和颜色，说话和歌唱，等等。康定斯基的解释是无与伦比的，因为它完全是哲学性的。他说，问题是无法解决的，如果人们局限于考察各门艺术的外在性。但是，所有的因素都是双重的：既是外在的（用我的术语来说，是绽出的），也是遭受性的。舞者的运动，拥有着类似于某种颜色、某种形态、某种声音或者某种话语的遭受（pathos）。也就是要确认，所有的艺术有着共同的根源，这些艺术都表达了生命。这就是为什么，音乐构成了所有艺术的主导线索。

沙拉查-费雷尔：

您的个人生涯也是如此？

亨利：

我的个人生涯是非常哲学的，不仅限于我的生命的第二阶段。从我进入高中毕业班起，我就已经被抽象吸引，被哲学的词语吸引。然而，我越是进入哲学的世界，越是接受其他人的教

———————————
1 ［译注］总体艺术是音乐家瓦格纳提出的一个概念。

导，我就越感受缺乏某种核心的、关键性的东西，这个宇宙并不说出我想要揭示出来的东西。

沙拉查-费雷尔：

难道有人并未言及核心？

亨利：

所有这些哲学话语，都仍然停留在外部。因此，我的全部努力，首先是被视作萨特的反命题，接下来，那些在萨特思想身后的人物，海德格尔、胡塞尔、黑格尔，以及整个哲学，最终都处在我所寻找之物的对立面，这种生命，最初并不在世界中，也不是一种"在世存在"（in der Welt sein）。渐渐地，我发现了我的解决方案，并且将其应用到经济生活，应用到对于我们时代的人的疾病状态的诊断，应用到精神分析；在《野蛮》一书中，我诊断了我们时代；我的研究工作，涉及无意识，涉及我们当下的历史事件，涉及艺术。还需要我处理的就是伦理学问题，因为它涉及主体间性的关系，以及与上帝的关系。无论如何，我已经获得关于伦理学的基础问题的答案。在您刚才提到的《野蛮》中，每一次只要涉及伦理学问题，就要引出大写生命，在此之外没有别的伦理学。必须要做的事情，如何做，要求谁来做？在人性的开端之处，只有大写生命能够知道这一点，正是大写生命，才是统一的东西，形成了各种对子，知道人性必须得到滋养；也正是大写生命，才是那正在转变的东西，是那有所需求的东西；一直以来也正是大写生命在不断前进，在回答并且总是已经知道哪些是必须要做的事情。必须做什么？必须活着，不是这样吗？大写生命在关于其需求的经验中，在这些原初的、非意向性的经验中，已经承载着这些问题与其答案，这些问题与其答案并不是理智的，而是感受的，属于需求、欲望和满足的范畴。

沙拉查-费雷尔：

如果从《野蛮》过渡到您的最近一本书，我们的印象是，这种生命之所是的内在力量，完全地误入歧途？

亨利：

大写生命持续地误入歧途，但从未完全迷失，因为这种迷失将是死亡。生命是这样，生命也是作为必然性的生命。唯一可能到来的危险，就在于生命掉转头来反对自身，这是尼采最伟大的直观之一。这就是今天在虚无主义之中所发生的情况：因为痛苦属于生命，痛苦内嵌到生命的本质中，作为其可能性之一，生命对痛苦的拒绝就是生命的自我否定。于是，一切都是可能的，于是死亡就降临了，在各种各样的形式之下，无论是个体的还是集体的。这是绝对的恶。现代，在我看来是令人忧虑的，因为关于生命的虚无主义对生命本身说不。为什么？《野蛮》提出的解决方案是，生命不再能够承受自身。生命总是不断地背靠生命自身，从而以某种方式被碾碎，陷入绝境；生命发现自己处于一种焦虑的状态。克尔凯郭尔清楚地看到，成为一个自我，就是某种自身的自我感发，也就是承载某种与生俱来的烦恼。没有别的解决方案，除非在这种烦恼之中、在这种反对自身的碾碎之中，找到对生命的超越——因为生命向我而来，因为作为绝对的自我，我总是某种超越我的东西，因为创造我自己的并不是我。这就是为什么施蒂纳的命题非常荒谬，他认为，自我并不自我感发自身，而是自我创造自身，但是，这种创造也只是就自我处在自我感发之中而言。在对自我的碾碎之中，仍然存留着一种烦恼的可能性，这种可能性也是某种迷醉（ivresse）的永远的可能性。

沙拉查-费雷尔：

一种狂喜是如何可能的？

亨利：

确切说来，因为有一种享乐，其结构与受苦相同，这种享乐是一种自在的欢乐，这种欢乐多于自身，并且既在爱之中，也在他者的欢乐之中。大写生命也是如此。它是上帝的杰作，是绝对的杰作，这是我的现象学的一个极限。这就是我的生命的钥匙，也是世界的钥匙。我的现象学是一种危险的思想，并且不再是一种浸泡在玫瑰香水之中的精神论。我的现象学自带一种悲剧性，也带有最大的欢乐的可能性、最大的冒险的可能性，正如康定斯基所做的，人类的冒险，也是经验的冒险。正是生命本身，带有令人畏惧的东西。

沙拉查-费雷尔：

在您的最近的书中，现代性似乎毫不留情地导致了对生命本身的流放。

亨利：

确实如此。今天，随着苏联东欧的剧变，我们可以看到这一点，透过共产主义和资本主义，就可以提出关于生命的永恒的问题，只有通过这种结构才可以理解这些问题。

沙拉查-费雷尔：

您在《野蛮》中注意到，技术科学的自主性，败坏了生命天生的、原始的、源初的兴趣？

亨利：

完全是这样。一位著名的物理学家在阅读了《野蛮》后充满兴趣，也有相当多的保留意见，他问我，"伽利略的始基事实"是什么。您曾经谈到，在始基事实中有两种东西：在伽利略那里关于生命的决定，使得以伽利略为分界线的在他之前和在他之后，因为一个始基事实，就是一个能够统治历史的事实。认识世界这样一个可以深刻地加以评估的计划，包含着部分真实的观念，为此，必须研究原子、分子，必须避免主观性，给出的条件就是一个基本粒子本身是不能具有欲望的——这一点是毫无疑问的。对于主体性的这种彻底的存而不论，这样的一种眼光的筹划，看到的就只是一些完全剥离了主观物，从而造成了现代科学与技术。确实，我们与之打交道的，是生命本身已经不在场的一个维度，虽然这个维度也是生命本身设置并且展开的。这个筹划有着令人难以置信的后果，利用这些后果才有我们今天的生活，然而在这些后果中却没有给生命留下地盘。在我们的时代，生命所做的，是通过消费来自我决定的，消费则受到技术的自治运动的限制——通过电视，我们可以看到这一点。有人说，一切皆是有用的，人们制造了一些材料来抵抗高温，但是说真的，这里涉及一种程序，这个程序可以单独启动，并且只为自身工作。最令人恐惧的就是这样一个时刻的来临，这种生产将在不需要人的情况下进行，而我们则生活在贫民窟之中。这一点与马克思的理论恰好完全一致，马克思的理论可以说是一种应用到经济学领域的生命现象学，这种现象学完全地颠覆了那些经济学中的陈词滥调。

沙拉查-费雷尔：

尽管有着对生命孜孜不倦的肯定，但生命本身似乎在我们的社会中变得越来越脆弱。

亨利：

确实如此。我对于这一观察相当自豪，因为在我写于1966—1975年的关于马克思的论著中，我将活生生的个体置于社会的基底。我曾经指出，这才是马克思的真正思想，与西方马克思主义者们所宣称的恰恰相反，他们将个人看成社会的产品和效果。接受马克思的命题，我想让大家理解，任何一个社会，如果不再把这个生命个体的活动当作社会的原则，将会是一个一切真实财富都遭到剥夺的社会，无论是物质财富还是经济财富。然而，苏联东欧的剧变无非就是对这一点的证实。从个体无事可做那一时刻开始，死亡就为期不远了。为什么？因为基于这些无所作为的抽象的东西，人们无法看到一个劳动着的社会。

沙拉查-费雷尔：

这种对个体的否定，也在技术—经济中发生？

亨利：

确实如此。抽象和技术都把生命放入括号加以悬置。因为，如果我们走得更远一点，我们发现技术也呈现在乌托邦的未来中，如同在资本主义制度中一样，人们同等地相信技术。乌托邦的理想，最终是一种绝对理性主义的理想。我们能够在这两种体系中，找到数不清的亲缘关系。尽管我没有在书中写出来，但是认为唯有社会重要而个体只是社会的产物，这样的断言是一种在法国曾经出现的意识形态。不论在学校还是在政府机构中，这都是一种占统治地位的理论。我们总是从整体到部分。然而，生命恰恰总是个体的。每当您用某种总体性来代替这一生命，尽管这种总体性看起来似乎比生命更大，您都是在张冠李戴。

沙拉查-费雷尔：

您关于伽利略的始基事实所说的，让我想到让·斯塔罗宾斯基（Jean Starobinsky）给伊夫·博纳富瓦（Yves Bonnefoy）[1] 的诗歌所写的序言。当世界和存在开始出现某种毁灭之际——博纳富瓦将世界称为大地——诗歌就应该代替世界的古老散文，中世纪的炼金术就参与到这种散文之中。您是否也有这类情感？

亨利：

完全同意。但是，在谈论诗歌之前，我想要回到绘画。在今天的艺术中产生的危机，早就已经形成，这是一个始基事实。16世纪初，例如在达·芬奇或丢勒那里，艺术作为一种认识宇宙的方式被加以体验。达·芬奇画了一些暴风雨来理解自然的奥秘。接下来，与伽利略同一时期，突然就出现了卡拉瓦乔（Caravage），形成了另一种完全不同的绘画，他在《圣马太蒙召》中描画遭受（pathos）——情绪，而不再有什么关于世界的认识。绘画放弃了对宇宙的认知，从而建立起一种基本的分工，这种分工在现代将会得到深化。这种分工，在今天比在别的时期更容易感受到，人们反思诗歌、文学、音乐，这源于他们感受到，活生生的宇宙变成了科学的、客观的、非人的自然，人应该转向其他的活动，并且把自己最美好的部分贡献出来。这就遵循一种极为深刻的逻辑，我曾在《野蛮》中澄清。20世纪在绘画中发生的一

---

1 ［译注］斯塔罗宾斯基（1920—2019），瑞士著名文艺批评家和理论家。博纳富瓦（1923—2016），法国著名诗人。

切，今天也将在诗歌中发生。诗歌不是用来出售的，但是更多的人写诗，许多人活着并且在诗歌或者别的活动之中去寻找这种平衡。对于精神分析也是如此，在精神中，一些人谈论他们自己，然而社会中只承认那些与自身问题完全无关的活动：物理学，以及所有从物理学出发并且以其为典范的学科，变成统计学的社会学，教育趋于笨拙地模仿这一切。于是，我们走向灾难。因为这些灾难不只出现在俄国。灾难也在我们这里，因为生命不再能够运用其能量的潜能，不再能够投入那些处于生命的相应高度，从而让生命得以表达并且变得更为强大的学科中。最后剩下的就只有暴力，作为最终解决手段。所有这些都能以形而上学的方式进行解释，而不是以社会学的方式，社会学只是反映外部情况的一面镜子。

沙拉查-费雷尔：

对于当代的整个社会学，您绝对地都不认同？

亨利：

不认同！但是，也许有一种哲学的社会学，能够以这种或那种方式回溯到个体。

沙拉查-费雷尔：

例如齐美尔的社会学？

亨利：

是的，也许与之相似的还有塔尔德（Tarde）[1] 的社会学，他从 1890 年起就致力于揭示模仿的重要性，即一种群居的、但相对积极的主体间的关系，给予一切社会一定的形态和统一性，并且将创造者的角色存而不论。但是，塔尔德的劲敌涂尔干，他的社会学基于独立于个体的社会法则——因此也就独立于生命，因为生命仅仅在个体状态下才会存在。涂尔干的社会学是荒谬的，因为它把一种浅薄的科学主义扩展到人类领域。人们能够统计自杀，而丝毫不理解每个自杀所包含的某种烦恼。

沙拉查-费雷尔：

您似乎没有留下任何出路。您在书中首先对资本主义进行了批判，接下来，您重拾在《野蛮》中着手的分析来批判资本主义，最终则是赴撒马尔罕之约[2]，也就是说一种与死亡的约见。您的书是否因此是一本悲观主义的书？

亨利：

不是的。您从别处了解到这一点。这不是一本悲观的书，因为讨论都是在同样一个唯一原则的名义下进行的，也就是活生生的个体的原则。这种批判是在生命的名义下进行的，生命是充满激情的辩护，反对威胁着生命的两种形式的死亡。《死亡的双重

1　［译注］塔尔德（Gabriel Tarde, 1843—1904），法国社会学家。
2　［译注］撒马尔罕之约，意即遭遇人的命运的必然归宿，死亡。

面孔》——这个书名被出版社拒绝了，显然是出于对国际形势的考虑。因此，这是一本用非常阴郁的方式显现出来的书，但是，也始终处在生命的目光下，生命相信自身，并且将全部的激情都用于否定那些威胁生命的东西，从而保护自身，并且生活下去。归根究底，最后的几页，是有些抒情诗性质的，我相信，这几页有着对生命作出肯定的力量。正如在《野蛮》中，否定是以某个相信自身的原则的名义来作出的，这并不是一种乐观主义——因为乐观主义并非我的风格——而是某种关于生命的狄奥尼索斯式迷醉。因此，在最后被否定的，就是弗洛伊德那作为死亡本能的生命概念。这本书的原动力，就是一种对生命力量无限制的、无踪影的肯定，真正的危险并不在于生命的过度狂喜和过度欲望，或者对生命之爱的放纵，而始终在于死气沉沉的东西的统治。

7　从现象学到马克思

与曼达切的谈话 [1]

曼达切（Bogdan Mihai Mandache）：

能否先谈一谈您的哲学历程的主要阶段？

亨利：

我所受的教育，是在二战前高中和预备班所教的那种哲学。这是一种对康德思想的法式接受，在 1870 到 1940 年之间，通过一系列的哲学家，如拉雪里耶（Lachelier）、拉缪（Lagneau）、布特鲁（Boutroux）、阿兰（Alain）、那贝尔（Nabert）、拉雪兹-雷伊（Lachièze-Rey）等人。尽管他们的分析都给人深刻印象，但我从

1　1992 年 10 月，刊于罗马尼亚杂志《格罗尼卡》（*Gronica*）。在这篇谈话中，亨利从他对意向性现象学的拒绝出发，重新描述了他的哲学生涯，将生命定义为自身体验，是被动的、接收的、感受的——他的个体哲学，对立于一切类型的客体主义，他在真正的马克思思想中重新找到了个体哲学。［译注］本章标题为译者所加。曼达切，罗马尼亚记者。

进入哲学的一开始，就感觉到与他们的思想有些不一致。对我而言，这些思想太过于观念论，往往遗失了具体的东西，错失了在自我深处的我之所是：我的实在的生命。

二战期间，重要的标志是黑格尔哲学，尤其是德国现象学在巴黎的突然闯入——通过伊波利特、科耶夫，尤其是萨特的中介。现象学对我产生了极大的吸引力，我可以说，正是从那时起，我变成了现象学家。然而，怀着激情研究现象学的同时，我也感觉到一种不适，这种不适也类似于我在研读古典哲学时感受到的：缺失了本质性的东西。唯有这种本质性的东西，我现在才能够以现象学的方式严格地把握它，并且理解到为什么古典思想以及当代现象学都会缺失这种本质性的东西。实际上从那时开始，我理解到，从古希腊开始的西方哲学总是已经预设了某种现象性的构想，这一构想将现象指向一种可见性的视域，在这个视域之中，现象的出现可以在我们之外，从而正是这种外在性定义了现象向我们呈现的方式以及现象的现象性。在现代思想之中，我们能够重复这样的现象性概念，解释为由"意识"或者"主体"所形成的表象，也就是说作为一种"设定为在……面前"的意识行为——这种表象的哲学，在康德那里登峰造极。

然而，经典现象学实际上也预设了同类的现象概念。胡塞尔的意向性，以及《存在与时间》阶段的海德格尔的"在世存在"，以及海德格尔后期的"存在的绽出式真理"，都只不过是通过不同方式来诠释现象性的可能性，从而让事物向我们显现，在某个原始的"外部"（Dehors）之中到来，这个"外在"就是世界，可以理解为我刚才所谈到的可见性的视域。正是这种"在外部到来"，奠基了对象的"客观性"，并最终奠基了一切知识，包括科学的知识。

然而，我的生命，就其根本而言的我之所是，本身就外在于世界的这种可见视域。正如我在自我之中源始地体验到的而言，我的生命从来不是一个对象，从来都不能够在一个"世界"之中被看见。我的生命的本质，确切而言，就在于直接地、无距离地自身体验自身，在某种原始意义的自我感发之中。这意味着，生命首先感受到的，不是他物，不是对象，也不是世界的视域。生命感受到的是自身，其感受的内容，就是自我本身，正是这种方式，且仅仅通过这种方式，生命才能够是一种"活着"（vivre）。活着，就是体验自身，而不是别的什么。这种纯粹的自身体验的现象学，是一种原初的感受性，一种纯粹的"遭受"（pathos），没有任何距离使之与自身分离。这是因为，在这种遭受的直接性之中，生命被碾碎直到紧贴着自身，生命无法与自身分离，无法摆脱自身。永远为自身所承担，不得不自我支撑、自我受苦，但永远无法切断这种与自身的联系，生命因此也就是在这个"受苦"中进入自身，当然，生命同时是一种享乐。从痛苦到享乐之间的不断摇摆，在生命的所有故事中都可以找到，这些故事首先就是关于冲动和遭受苦难的故事。

我的哲学历程，因此可以概括为一段现象学的旅程，最终抵达的是对胡塞尔和海德格尔的经典现象学前提的抛弃——这些前提就在于一种关于现象性的意向性的、世界化的构想——为的是发现一种更为源始的现象性，也就是生命的现象性，它处在生命的冲动与生命的遭受的不可见的拥抱之中。

曼达切：

我们能否将您的作品，视作一种统一的大全，或相反，这些作品包含着一些转变或者一些断裂？

亨利：

我认为，我的作品是由一个统一性原则来支配的一个总体，这个原则就在于生命本身这种根本性的、特殊的现象性的观念。

曼达切：

您如何解释，在这样一个越来越专业化的时代，您的关注和兴趣的多样性：哲学（现象学、马克思主义）、政治、精神分析、文学、绘画？

亨利：

这是充满悖论的，但根本说来，也都特别易于理解，我的关注和兴趣的多样性，都来自我刚才所说的统一性的原则。实际上，我所说的这种源始现象性的构想，既不同于传统意识，也不同于现象学意向性，为了让这种源始现象性的构想运转起来，就把这种构想应用到我的兴趣的不同领域，这也导致了人们关于这些不同领域中的现象的通常理解，我都作出了彻底的、改头换面的修正。例如，通过把我的关于活生生的、感受的、非绽出的主体性的构想应用到身体问题，身体就被理解为"活生生的身体"，我将身体解释为一种主体身体。然而，这种解释并不同于梅洛-庞蒂的解释，对于梅洛-庞蒂而言，主体性就可以等同于意向性，说身体是主体的，也就是说身体是意向的，身体投入世界之中，不断地朝世界起身。虽然，把我们朝向世界敞开的能力置于身体的权能的范围，这是重要的——而不再只是知性的，但本质问题在于去知道，身体的这些权能在使世界显现之前是如何向自身揭示。这种身体朝向自身的源始的揭示，确切说来，就是生命。因此，这里有一种始基身体（archi-corps），一种感受性的身体，在身体中，身体直接地感受自身，感受为活生生的身体，先于身体与世界发生的关联，如果没有这种感受性的身体——它使身体的每一项权能中都直接地拥有自身——那么任何与世界的关联都是不可能的。

曼达切：

您曾经将您的具有普遍性的哲学构想，应用到多个不同的具体领域。这是否引向对某些初始概念的深化？

亨利：

将这种现象学应用到马克思，使我能够对这位渊博的思想家提出一种全新的诠释，并且使之从意识形态中解脱出来，因为这种意识形态对于马克思有所曲解。我请您参照我的两卷本著作

《马克思Ⅰ：一种现实的哲学》《马克思Ⅱ：一种经济的哲学》，1976年出版于伽利玛出版社。同样地，正是将这种生命现象学应用到无意识的问题，使我得以在《精神分析的谱系学》一书中，呈现出对弗洛伊德和精神分析的一种全新理解，这本书1985年出版于法国大学出版社（PUF）。关于艺术的问题，尤其是关于绘画的问题，我也做了同样的事情。这样，在1988年出版于布林出版社（François Bourin）的《看见不可见者》一书中我揭示出，康定斯基关于抽象绘画的诸多命题的关键性意义。虽然绘画，这一绝佳的视觉艺术，初看起来似乎不可能完成画出"不可见者"这样一种令人惊愕的任务，除非首先能够将一种现象性置于创造性行为的源头，而且这种现象性不同于世界的现象性；确切来说，这就是生命的现象性；其次，这样一种计划之所以能够实现，仅仅因为绘画的各种手段，也就是说各种形式和颜色，它们也成为这种不可见的生命的延展——之所以如此，乃是因为所有的形式，都是一种在我之中的力量，所有的颜色都是一种印象，这种印象本身既是内在的，也是彻底的主体性的。一幅抽象画的构成，甚至所有的伟大绘画的构成，都完全地基于力量和印象，而力量和印象对应于形式和颜色，二者被分配到画作之上，从而得以表达出情感的变动，而根本不是为了表达客观的意义。

在我探索过的每一个领域中，我都能够体会出我在生命中曾经把握到的现象学前提的丰富性。过度的专业化，与某种可理解的哲学的统一性，二者并不完全对立，如果这种哲学拥有一种可理解性原则，在人类的一切本质性活动之中无所不在，且易于觉察。我甚至可以说，在今天，唯有一种能够回溯到这种生命本质的现象学，才能够拥有一种彻底的解释原则，才能够超越我们时代的文化危机，这种危机就在于，文化已经分裂为无数多的专业化领域，这些专业互不相识，无法让人给予其生命一种统一的意义。唯一能给生命的诸多表现赋予这样一种意义的，确切来说也只有生命本身。正是生命，以及最终说来生命能够自我理解，更深刻地说来，生命的行动是为了生命之最终的总体的完成，或者，与之相反的就是生命的摧毁，正如人们在作为现代性标志的虚无主义中所看到的。这种虚无主义，无论是在逃避的行为中，还是在自我摧毁的活动中，都可以辨认出来，不仅有其实践的面向，而且有其理论的面向。理论的面向，在各种各样的意识形态中得以表达，尤其是在科学主义中，这些意识形态不承认人本来具有一种特殊的本质，而且，将人的主体生命简化为一系列的客观性，通过这些客观性，就宣称人的生命是被规定的。

曼达切：

在当代法国哲学中，是否有哪些方面让您特别感兴趣？今日的法国哲学的面貌是怎样的？

亨利：

确实，如果排除我曾经谈到的那些大哲学家——他们显然已经超越了"当下"（actualité）——在当下的哲学中，没有什么真正地让我感兴趣。说到底这是因为，我所思考的一切，恰恰处于这种当下性的对立面。今天，法国思想的标志之一，就在于在近三十年里占据着舞台的各种意识形态都陷于崩溃，诸如马克思主义、各种结构主义、拉康主义、占据了某种优先性的人文学科，例如语言学，这些人文学科，每一种都宣称它能取代哲学。

曼达切：

在经历了最近十年众多的时尚思潮之后，在您看来，我们时代的哲学标志应该是什么样的？

亨利：

在所有这些时尚思潮都退潮或者消失后，我们时代的哲学标志，在我看来，似乎在于对真正的哲学重新产生兴趣。这种重新产生兴趣，尤其可以从巴黎有些学者宣称应当"回到胡塞尔"看出，通过这一点，不仅仅指应该理解胡塞尔的现象学，还在于众多研究者想要摆脱意识形态的"恐怖主义"，通过一种真正的反思，返回最根本性的问题，同时重拾对哲学史的研究，抛弃一切简化的进路，例如马克思主义的、精神分析的、语言学的进路，等等。

曼达切：

您是马克思的诸多评论者中之一。在前社会主义阵营国家中，马克思主义的地位，实际上被列宁的革命理论以及许多"创造性贡献”占据。苏联东欧的剧变，似乎也带来马克思主义学说所谓的崩溃。"马克思主义"是否死了？您认为马克思主义的未来是怎样的？

亨利：

在法国，"马克思主义"已经死了。但是，那还没有死的，是马克思——可以说，我是这一命题的几个发明者之一。马克思是现代的亚里士多德，他以敏锐的目光穿透了社会的不同阶层，返回能够真正地解释这些阶层的原则，马克思是唯一能够做到这一点的思想家。这个原则恰恰就是生命的原则，不仅仅出现在他的《德意志意识形态》中，也在他所有的经济学作品中，马克思不厌其烦反复提起的，正是主体的、个体的生命。正是通过这种主体的、个体的生命，马克思用来定义现实，并且将这种生命放置在历史和社会的基础，并且，也正是基于这种生命及其主体性，以及这种生命的现象学地位，马克思才展开了他全部的"政治经济学批判"，并且在1846年后贡献了全部的研究活动，在实践上继续这一批判。

我可以为您快速地重绘一下马克思的批判的关键连接：人与宇宙的原始联系是一种实践联系，这是生命用来改变宇宙的活动，从而使之更符合人的需求。在生命中，正是需求和满足需求的劳动的无休止的重复，先天地决定着一切社会的物理形态，即作为生产和消费的社会。很快，人们就应当交换他们通过活动所生产的财富。这些财富的交换实际上也就是使得这些财富得以生产出来的劳动的交换，必须评判这些劳动，以便决定这些财富得以交换的比例。在这里，对于理解马克思的全部分析，生命现象学至关重要：实在的劳动，是主体的、个体的，不可能以量化的方式来衡量这种劳动，也无法以质的方式来衡量。因此，对于这种主体性的生命劳动，经济学建构了一些观念化的客观等价物，这种等价物就是"抽象的""社会的"劳动，正如经济学家所谈论的：交换价值、货币、资本、剩余价值、利率、分配形式，等等。经济学就是抽象的、观念的客观等价物的集合，人们用这些客观等价物来取代生命，用来对生命进行量化和计算。由此得出，一方面，这些等价物从原则上来说就是不恰当的，只有从生命出发，才有可能理解这些等价物及其波动。这就是生命的法则，基于纯粹主体性的平面，在生命之中与其需求、与其主体性的劳动能力的关系，唯有这些法则才能够解释那些表面客观的经济现象。尝试着完全客观地理解这些法则，这是一种原则上的错误，这是一切客观主义的根本错误。很自然地，这样一种对于政治经济学的批判，以强有力的方式，既沉重打击了左派的理论，又沉重打击了经济自由主义，尽管人们往往用"市场经济"来反对马克思。因为，马克思的天才般的思想，使得我们可以将马克思视作把生命现象学应用到经济领域的最初的几个精彩典范之一，几乎在每个观点上，都与科学化的客观主义针锋相对，我们可以从中推演出，马克思的思想，根本不会被后者的颓势所影响，而是相反，它仍然让我们有可能严格地把握住这一思想的难以抗拒的特征。

曼达切：

"回到马克思"是否意味着，参照苏联东欧的历史经验重新解读马克思？21 世纪是否还将能够在马克思那里，找到一种哲学反思，或者社会变革的一些策略？

亨利：

"回到马克思"并不首先意味着参照苏联东欧的历史经验去重读马克思。我敢说，我尝试建构起来的生命现象学，远在这些历史经验之前，我就已经在实践"回到马克思"。因此，在生命现象学的视角里尝试展开的分析，其价值很难遭到质疑，确切说来，我的这些分析先于东欧国家的经济崩溃，并且这些分析为这种崩溃提供了一种理论解释——不同于今天到处开花的伪解释，这些伪解释所做的只是在事后再来"预见"这些事件，而从来都没能超越简单的经验理由的层次，从而也未能回溯到一个真正的理解性原则。确实，过去的马克思主义曾经有一种社会变革的策略，出于某种理由，这种"马克思主义"被简化为一种政治教科书，尽管人们相信它是有效的，但是马克思本人的关键洞见却被颠覆或者遗忘。

曼达切：

在您广泛致力于现象学研究之后，在您关于马克思的经典成果出版（1976）之后，请允许我重复您书中的第一句："没有哪个哲学家像马克思这样有如此大的影响，也没有人像马克思这样不被理解。"在您的著作《从共产主义到资本主义》中，您发展出来的命题是哪些？

亨利：

在后一部著作中，我展开了双重的批判。第一个批判，是针对并且揭示，为何这种作为意识形态的"马克思主义"需要对之负责的，不仅是政治的偏航，而且更深层的，还有经济上的失败。确切说来，正是借助于马克思的命题，我努力让这种失败的原因变得明晰。这一失败，基于以下事实，它处处以一系列观念的、抽象的客观实体，来取代生命、"活生生的个体"、"生命劳动"、"劳动的主观力量"，正是这种力量，在《资本论》第三卷的经济学手稿中，扮演着极重要的角色。例如，将"社会"分析为"阶级"，将"历史"分析为"运动"和"矛盾"，如此等等；马克思实际上对这些进行了严厉的批判。马克思的关键性直观就在于，唯有生命，以及诸多个体，才拥有力量、潜能和效率；对于马克思而言，生命只能在个体的形态下存在；用抽象的实体来取代这些行动着的个体，会带来效率和力量的消失，从而只会意味着静止、惰性，直至毁灭。人们从来没有见过一个社会或者一个阶级去做一件事情，例如挖一条壕沟或者建一栋房子。正如马克思所说的，能够做这些的，必须是一些个人。正是由于死气沉沉的东西的持续入侵，诸个体无事可做、也无事想做，这就足以解释，当最后的失败来临时，根本就没有什么可以应对。但是，因为个体继续活着，会感到饥饿，等等，对这些需求的满足并不遵循劳动和努力这种自古以来的道路，所剩下的手段就只有通过一系列的武力行动来满足需求：黑市、非法走私、抢劫，以及最终走向贫困。

今天，人们到处反对处于困境的马克思主义，而作为人类的唯一出路的，就是"自由企业""市场经济"——也就是说资本主义——的种种好处。确实，资本主义的种种成功，就含糊的意义而言，仅仅基于一个事实，即资本主义将个体的劳动力剥削到极致，这使得资本主义可以在短短几十年内改变大地的面貌，用马克思的话来说，构成了人类所经历的一场真正的革命。这种巨大的变化所引发的数不清的苦难与灾祸，似乎无须提及。

在这里，在第二部分，即我的《从共产主义到资本主义》一书的第二种批判，这种资本主义在过去曾经遭受过多次"危机"，今天到了这样的一个境地，资本主义的存在，以及在资本主义制度之中的人类的存在，渐渐变得不再可能。马克思曾经严格地分析了资本主义的各种矛盾，但是，借助生命现象学，才有可能回溯这些矛盾的最终原则，这个原则也是用来解释某些国家所遭受的灾难的原则。在资本主义这里，仍然是用抽象的集合来取代生命，这些抽象物将获得位置，并且渐渐地从生命那里提取存在的权利。资本主义最终矛盾，实际上并不是经济层面的矛盾，而是资本主义与技术的矛盾，这是在工业化国家越来越明显可见的事实，技术转而反对资本主义，并且从内部侵蚀资本主义，毫不留情地将资本主义引向毁灭。实际上，我们不要忘记，马克思的核心命题在生命现象学的角度看来有一种决定性的意义：正是生命劳动，主体生命的活动，唯有这种活动才能够产生交换价值和货币。然而，在我所谓的"伽利略式科学"的效果下，现代技术的过度发展，以一种渐进却无法阻挡的趋势，从生产的程序中消除了生命劳动，同时，货币只是这种实在的主体劳动的客观表象。随着货币也趋向于取消，资本主义的经济进程的运行，将处在一种妥协之中，危机将是持续的、普遍的。一方面，产品的交换和出售变得越来越难，另一方面，个体（生命劳动）从社会活动中被排除到经济循环外，从而导致了失业。技术的世界，是一个侵略性的客观性的世界，生产活动被转化为越来越复杂的物质的机制，转化为超级机器和电脑，而电脑的功能则倾向于自治和自我规定，在许多领域都将取代原本属于个人的实在的主体性劳动，而人的生存到目前为止都是通过这种劳动来定义的。这样，在这样一个世界之中，人变得越来越无用，而这个世界的表面变得越来越像物质宇宙的微观物理的底层结构。正是在这种令人恐惧的处境中，生命消失了，让位给惰性和死亡，惰性和死亡正是技术—资本主义世界的特征，在我们眼前可以看到这样一个世界的突飞猛进。如果我们把这个在西方获得胜利的技术—科学和技术—资本主义的世界，与东方刚刚崩溃不久的制度进行比较，我们可以看到，根据不同的时间性，有着同样的一种危难，同样地驻留在这两种制度之中，这种危难就在于，采用如同死亡一般的抽象物和客观性来取代人的实在生命——在东方，是理论的抽象；在西方，则是经济和技术所建构的抽象——这使得生命被置之度外，然而，正是通过生命，人才得以定义。对于人的这样一种取消，将走到何处？能够走到何处？能否设想一个完全非人的社会，在这个社会之中，主体生命不再是这个世界的组织原则，而是被一种技术机制所取代？

一种生命现象学，不仅开启了对这种具体的主体生命的广泛研究，而且只有这种主体生命才能够对人作出定义，然而这种存在被哲学和经典现象学归结为人与世界的关系，归结为主体—客体的经典认识论关系，并且根据其是观念论者还是唯物论者，倾向于主客关系中的某一项。生命的内在本质，完全摆脱了这一秩序的关系。关于生命与世界的关系，关于世界本身，生命现象学提出了一种新的澄清方法，从而揭示出东方国家内在困境的原因，而这种困境也将在西方出现，在两种情况下，这种困境都是由对人类实在的生命及其需求的低估和取消而造成的。唯有考虑到生命及其要求，才有可能描绘出明天的道路和解决方案。

8   **"好奇"与"不可见者"**

与拉布鲁斯的谈话 [1]

拉布鲁斯 (Sébastien Labrusse)：

    自亚里士多德以来，人们通常认为好奇诞生了知识和求知欲。然而，帕斯卡尔蔑视那些"在科学中钻研太深"的人，宣称好奇是徒劳的、无用的。您是否认为，好奇——或者何种好奇——是科学的实际动机？

亨利：

    我坚信，好奇是科学的实际动机。这一点甚至应当引起我们

---

1 刊于《异样》(*Autrement*) 杂志，第 12 期，1993，"好奇、知识的眩晕"（La curiosité, vertiges du savoir）。好奇被引向其原则，一种看的欲望，作为一种认识活动，不仅被涣散所威胁，而且因此错失了不可见者的广泛领域：艺术、伦理和宗教——胡塞尔的希望，即对于精神的某种普遍主体性的希望，如同黑格尔的绝对知识的野心，遭到了摒弃——"不可见者是最为确定的"，康定斯基的理解——宇宙在我们的生命中有其现实性，正如我们的生命是变动的、遭受的生命——唯有对于不可见者的待命，能够使好奇变得合理。［译注］拉布鲁斯（1968— ），哲学博士，诗人、作家，其研究兼及哲学和文学。

的注意，因为，如果我们仔细反思这一点，这个简单的命题隐含着，科学有着一个外在于科学、先于科学的动机。说科学的动机就是好奇——怎样的好奇我们会再说——这意味着，科学源自我们的生命，并且在我们生命的某些特征中，因为好奇是一种生命的模式。然而，科学似乎表现为自身构成自身的基础；于是，在这里涉及一种理论的发展，这种理论发展不仅能够证明它所建立的一切，而且，在一种反身行动中能证成自身的前提；一个完全自足的思想系统得以建立起来，其严格性、其结果、其价值，都是不可置疑的。将知识（作为一种认识）与好奇联系起来，这意味着科学包含在某种不同于自身的东西中，我甚至可以说，是一种比科学更大的东西。科学有一个在先者，这个在先者非常重要：因为，即使在一种面貌颇为可疑的好奇的形式下，这个在先者才出现，就好奇是一种生命运动而言，这意味着：这种令人赞叹的科学，自治的、客观的、宣称具有普遍性的科学，属于某种我们还未曾言说的东西，这就是生命。好奇，作为求知的欲望，也就是去看——认知（savoir），就是看到（voir）——因此，好奇来自某种不同于认知的东西。先于认知，有一种想要认知的欲望。这种好奇虽然是多义的，却因此表明在世界上科学认知并不是唯一的认知。知识内嵌于我们的生存之中。这在我看来才是最本质的。这样一种求知的欲望，后来变成科学，但并不孤立于一切环境。有着另一种东西，知识并不能独立发展，而是不得不关联到一定的环境，帕斯卡尔就谈到过这种环境，从而无法追问到知识的最终论证。在这里已经出现一种关于好奇的伦理学的出发点。

拉布鲁斯：

在《存在与时间》中，海德格尔专门用一章来论述好奇[1]，揭示出好奇与"存在者的叹为观止的静观"毫无关联，并且指责好奇如同某种多动症，"到处都在而又无一处在"。如果涣散是好奇所固有的，好奇就成为注意力的障碍，您是否认为，就有人把神秘主义理解为一种静观态度而言，我们可以将好奇定义为神秘主义的对立面吗？

亨利：

我认为，当海德格尔分析好奇之际——在他的著名论述中，他将好奇比作某种跳跃，只是跳到某个地方，然后再跳到另一个——他就限制了提问。为什么？因为海德格尔所谈论的，是当代世界特有的一种好奇，是今天的时代特有的好奇，与我们的媒体世界相关。在这一点上，我们只能表示赞同。然而，时事的特征是什么？就是某种昨天还不曾有、明天已然不在的东西。在时事之中，有着某种突发式的出现，却是在一切深刻的历史之外，在一件事情的来龙去脉之外，在一切持续性之外。时事的图像来到这里占据了精神的一个瞬间，然后立刻就消失了。时事，其特征在于瞬间性，显现出第二个特征：无意义。因为，当时事到来

---

1 ［译注］参见《存在与时间》第36节。

时，人们观看它，但因为时事是无意义的，立刻就会消失，从而让位给另一件时事。说到底，人们从一个瞬间跳到另一个瞬间的这种时间性，是海德格尔关于好奇的分析基础。当代人的好奇是被制造出来的，关于这一点，海德格尔当然有道理。这样一种好奇，似乎与注意力相关，但恰恰是要求注意力马上从一个对象跳到另一个对象。因此，在这样一种观看中，有一种内在矛盾，因为这虽然是一种观看，但是其真正的兴趣并不在他所看到的东西，而是放弃他所看到的东西，从而转向另一个东西，而后者马上也将遭受到同样的命运。由这种好奇出发，我们还可以恰当地谈到人们想做的一切坏事。

拉布鲁斯：

但这是不是海德格尔自己的批评？海德格尔对好奇的指责，是否仍然在传统中？

亨利：

是的，这其实回到了帕斯卡尔的主题。实际上，好奇的这样一种碎片化，也是媒体世界的发动机，在今天已经发展到极度夸大的地步，但是一直以来都存在。因此，必须深化关于好奇的分析，这种好奇是对某物的好奇，但又立刻放弃，因此得承认，这种好奇总的说来只是对自身的一种逃避。它一直与某种并非自我、仅仅只是一个事件的东西紧密关联；但紧密地关联于来自外部的某种东西，在外在性之中寻求，从结构上来说，这就避开了一个领域，即探索自身的领域。这已经是对生命本身的一种贬低，从而去关心一个全无利益的领域，而这个领域呈现的特殊性就在于并非自我。然而，不关心自身，这在克尔凯郭尔看来就是绝望。因此，我相信，好奇的特征之一就在于总是朝向外部——在这里，观看本身也被质疑——就此而言，好奇实际上是可疑的，因为必须理解的是，好奇似乎把我们带向某种东西，我们必然背离某个其他的东西；它使得我们朝向外部，但是它也使我们背离并非世界的某些东西，即背离我们的生命本身。

拉布鲁斯：

我们能否进一步说，使我们背离是它的诸种功能之一？

亨利：

是的，这种功能有一种价值：对于在世界中到来的东西保持注意。然而，正是因为这一点，好奇从其本质上来说是模棱两可的——与这种价值相关联的，是一种根本性的反价值（anti-valeur）。这意味着，对某种有趣的东西感兴趣，却又对那无疑更重要的东西（我称之为"生命"）不感兴趣。因此，如果这种涣散（这种涣散就在于对自身的偏离）是好奇所固有的，我不确定，是否必须用注意力来与之对立，在一定意义上，注意力显然高于好奇，但注意力仍然属于观看与可见者的宇宙。注意力是一种意指，与好奇相反，注意力持续地关注它所要看的东西。因此，注意力想要开启的程序，在于让可见者真正呈现出来。实际上，这种在场可以抵达的，或者是一种直观，或者是一些分析。但注意力和好奇一样，都是观看的模式。注意力是一种本真的模式，而好奇，则是一种饱受质疑的模式。一位杰出的物理学家，在阅读了《野蛮》后对我说，他曾用他的一生来关注微观物理学中的粒子问题，这确实是一个令人赞叹的宇宙，但他发现，在这段时间里他从来没有关注过自己。因此，正是个体，作为独特的自身，作为本质性的东西，在这样一个观看的宇宙中陷入沉默，在此意义上，这种宇宙是在那些被看见的东西之中才被给予的。

拉布鲁斯：

如果通过人们自然的好奇倾向，从而让科学持续地进步，对于人类而言，在这样一种想要全方位地认识一切的意志之中，是否有一种风险？实际上，您在《野蛮》中分析的，不仅仅是文化危机的主题，也是关于文化的摧毁的主题，您曾经将这种危险和摧毁关联到科学与技术的首要地位。您如何解释这种文化的死亡，也就是说，艺术、伦理、宗教的死亡，似乎这与好奇的死亡并不是同时发生的，因为知识越来越复杂并且专业化？

亨利：

答案也许已经在前面概括出来了。为什么文化的危机残留在好奇之中，以及危机恰好就来自知识？恰恰因为，在万物的本性之中，也许本来就应当存在两条可供人类前行的不同道路。人类，顺着好奇的道路——即使在这个词的较高贵的含义中——发展出了专门化的知识；也留下了另一条道路，在这条道路上，人们将遇到艺术、伦理和宗教。在诸如苏美尔、埃及等古代文明中，知识的发展伴随着文化的绽放。二者齐头并进。而在我们的现代世界中，我们看到的似乎是一个悖论：一种分离，一方面是科学知识的高度发达，以及各门学科的互相分割，另一方面，则是文化的衰落。但是，如果文化在另一个区域得到发展，有着不同的好奇、知识与观看的区域，这种悖论也许可以得到消除。因为，文化属于不同于客观知识的另一种秩序，对客观知识的聚焦，却导致了对生命领域中的其他一切的偏离。然而，文化属于遭到客观知识遗弃的生命的领域。但是，除了科学知识外，是否还有客观知识将物质宇宙主题化，并且将目光投向它呢？如果有，那又是什么知识呢？这就必须要加以分析。

拉布鲁斯：

是的，知识在今天已经碎片化了。您是否认为，哲学能够重新具有一种野心，实现知识的统一化，而且这种哲学既不混同于科学，也不再指向上帝？

亨利：

我相信，有一个明显的答案能够回应您的问题，那就是胡塞尔的哲学。胡塞尔完全信服严格科学知识的理想的合法性，他把知识的碎片化视作一个难题。胡塞尔清楚地看到，诸门科学在取得进步的同时也变得四分五裂，这些科学使得不同类型的研究成为可能，而每一种研究为了取得进步，都不得不发明一些新的概念体系，简单来说，每门科学都与其他科学分离开来，毫不夸张地说，简直有爆裂的危险：这是一种断裂的知识。如果人类的统一性，也就是说人与人之间的协调一致，应该基于知识——这个预设是我不能同意的——如果有着一种人类的道德统一性是以知识的统一性为前提，那么这种知识的破碎确实是极度危险的。对于这种碎片化，胡塞尔的回应在于，某种统一性是可能的，只要人们理解到诸门科学都是由同一种心灵的活动产生的，而这种活动，胡塞尔命名为"先验主体性"。例如，胡塞尔很好地揭示出，几何图形与抽象关系在大自然中并不存在——价值也不存在。因此，我们不能把这些科学中的实在视作客观实在。我们应当理解，是人的精神产生了这些实体。完成这一运动，从客观性回到建构出这些客观性的创造性活动，也就是重新找到统一性的家，因为同一个精神能够创造出这些科学。对于胡塞尔而言，如果我们能够回溯到他称之为建构性主体性的这种主体性，那么我们就重新找到了统一性，这种主体性不是个体的，而是一种普遍精神的主体性。就此而言，确实是一种令人赞赏的解决方案，能够以某种方式从知识的宇宙中将人拯救出来。如果诸多知识之所以如此破碎，只是因为在其客观面向中来考察，也就是说在其意向相关项之中，或者说是被思考的面向，那么，在其意向行为的面向中，在思想的面向、在能够思考的面向，我们又重新找到这种根本的统一性。在这些条件下，我们同样在其创造能力中找到一个自由的人，不同于作为对象的人，即被简化为分子和原子的人。

人的先验的人性，能够在这种知识的宇宙中得到拯救，只要我们将自身理解为一种整体，而不是还原为意向行为的面向，还原为进行思考和创造的思想，而是作为一种无限的自由的精神——尽管我们的产物似乎是外在强加给我们的一些客观性。

因此，胡塞尔提出的确实是一种相当精彩的解决方案，但是正如我刚才和您说过的，这并非我的方案。为什么呢？首先是因为，这些建构性活动必须是能够被揭示出来的，但这些活动是匿名的，我们看不到；这些活动生成了那些我们能够看到的东西，但是这些活动本身却是在某种匿名性和不可见性中完成的。于是从这里，我们要指向另一种维度。关于一种自身不可见的事物的认识，是否可能，如何可能？由此，可以知道现象学方法的全部问题：针对这一问题，我采取了一种非常批判性的态度，虽然我也是现象学家；我在后面会讲到实际上不可能获得一种关于这种暗夜中的、神秘的主体性的任何知识——这也是我对胡塞尔的批判——这样一种主体性所生成的，不仅有科学对象，还有对象本身。我们能够揭示出对象之所以在此，仅仅因为有着某些感知行动，这些感知行动建构了可感材料。我们的世界，不是一个完全现成的世界。世界的建构是某种特别复杂的综合活动的结果，这些活动仍然有待澄清。于是，在这里就涉及要去澄清和认识这些建构活动，我的观点与胡塞尔相反，这些活动是不可能通过观看来加以认识的——通过一种简单的目光的转向，这种转向所能做到的，仅仅是使目光不再朝向对象，而是朝向主体。我们不仅有关于可见世界的经验，还有关于生命活动的体验，然而并非通过观看。生命并不穷尽于知识的活动之中。知识活动只是生命的一种模式，然而，生命还有很多其他的模式。这就是为什么，胡塞尔关于科学知识的令人赞叹的反思，仍然是片面的。因此，发现知识统一性的可能性，并不位于被建构的、意向相关项的这一侧，而是在建构性主体的活动这一侧，后者最终隐含着对生命的认识。

拉布鲁斯：

现在提一个关于好奇的伦理学问题。您是否认为，好奇在伦理领域也有一席之地？有人曾说过，人天生就是好奇的。因此，就此而言，这是一种自发的态度，一种伦理态度（ethos）。然而，实践一种好奇的伦理，这是否合适，这是否意味着，对好奇加以衡量和约束，在这种情况下，要以何种价值的名义？

亨利：

如果好奇将科学知识扎根于早期的运动中，我们就不能简单地将好奇视作在认知和科学方向上的延展，相反，必须把好奇回溯到使之可能的背景中，科学本身也要内嵌到这样的背景中，并且，在这些条件下，我们应当向主体提出一些伦理学问题，既然好奇在此处呈现为一种自发的态度，从而也是一种生命的运动。因此，好奇把我们带回这个领域，也就是伦理的领域，也就是说，在这个伦理的领域中，对于生命及其各种自发的运动加以追问。好奇是一件好事吗？这种生命的自发态度，寻求观看并且进而寻求科学的认知，这是否合法？谁来评价这种好奇？但是，各种价值并不足以用来判断好奇，因为这些价值本身就成问题。谁来提出这些价值？有一个评估的原则。这个原则是怎么样的，它本身是否具有价值？这就是伦理学的主要问题。好奇，原本只限于科学式观看，通过其背景，突然地提出了关于人性的问题。对于这些问题，我们无法以程序化的方式回答。因此，我只是暂且可以说，伦理学指向生命的领域。为什么？因为在科学所运作的世界或者宇宙中，根本不存在价值。为了获得价值，就必须有某种评估。那么，这个不是理论的而是实践的评估原则到底是什么？这就是生命。这种评估体现在何处？生命就万物与生命的关系来评估万物。生命是有害和有益的标准，这一点首先从食物开始。在大地的地表上所生长出来的东西，就这个层面而言，就已经有了价值学意义上最原始的区分对待。紧贴着生活世界的地基，有着各种价值——生活世界（Lebenswelt），如胡塞尔所用的术语。如果用海德格尔的说法，从那种粗野的存在者出发，这些价值将是无法解释的，只有关联到生命，这些价值才可以得到运用。生命就是一切原则的原则。但评估生命的价值是怎样的呢？这些评估的合法性又是怎样的？唯一支持这一点的就在于，生命本身所设定的价值是好的，就是肯定和理解到生命本身就是好的。正因为生命是好的，所以这种评估系统也是合法的。我们可以假设一种邪恶的生命，或者如尼采所说的，一种病态的生命，它会使价值发生颠倒。一种本真生命所持有的所有价值，因此都可能被视作错误。对好奇的评估之所以可能，也只有从一种并非病态的生命出发。病态的生命，也将是一种绝望的生命，一种拒绝生命的生命，逃避自身，整天从事科学，仅仅关心客观世界和物质世界。

拉布鲁斯：

禁忌呼唤着僭越，也会激发着好奇，第一次好奇，就是亚当和夏娃的好奇，是想要认识善与恶进而获得不死的能力的一种欲望。好奇与僭越有怎样的联系，在哪方面好奇又是与上帝对峙上帝的？

亨利：

如果好奇是观看的一种事实，观看相信自身，意味着想要观看一切和认识一切，如果这种观看被引入一个从原则上远离了观看的领域，才谈得上有着某种僭越。如果有一个不可见者的领域，任何一种观看，既不能也不应进入其中冒险。即使有人偏要这样做，最终也只是一种蛮力，必然会归于失败。僭越并不是一种伦理的前见，而是一种纯粹哲学的、现象学的问题。是否存在一个不可见者的领域？如果不存在，我看不到有何种僭越能够通过好奇而运作起来。如果不可见者的领域是存在的——如果生命就属于这个领域——那么，想要看见不可见者的意志，就已经是一种僭越。但是，这一意志将归于失败，因为您也许总是能够解剖一个大脑，进行扫描，但是您永远不能因此明白什么是笛卡尔意义上的我思之物，也就是说一种纯粹的关于自身的经验。在哪方面，好奇将引向与上帝对峙？当然，这里只需要假设说，想要看见生命的意志，就是一种想要看见上帝的方式，并且将其归结到我用我的目光所统治的东西，以及我能够完全地解释出来的东西的条件。

拉布鲁斯：

如果好奇对于人类代表着一种危险，是否必须放弃黑格尔的"绝对知识"的野心，而绝对知识就是诺斯（Gnose）[1] 的野心，追求的是关于宗教的各种奥秘的最高知识？用一句话来说，面对好奇所带来的风险，不可知论是否是唯一的理性的解决方案？

亨利：

对于绝对知识的野心，必须追问的是，黑格尔指的是哪类知识。绝对知识是意识的知识，却是一种对象的意识，在可见的领域内进行观看。在一种对其自身本质的观看之中，意识朝向自身形成表象，因此，黑格尔关于绝对知识的定义就其原则而言就已经出错。当然，存在着一种绝对知识，但是这种绝对知识并不服从黑格尔的结构，因为黑格尔的结构是一种关于对象的意识的结构，在这种结构之中，意识始终有一个对象，对象始终与意识不相应，从而最终要去寻找一个相应的对象，即意识自身；但是，意识也将知识看作一个绝对对象。我认为，黑格尔的全部辩证法所利用的各种知识手段，相对于绝对而言都完全错误，只能导向

---

1 ［译注］来自希腊语，意为一种深入的、真正的知识。通常用来指基督教的一种学说，强调对于上帝的认识是一种直观，这种直观是一种内心中发生的启示，这一派的学说也被称作诺斯替主义或者诺斯替教。

失败。此外，如果黑格尔的哲学达到绝对知识，将会是历史的终结。然而，历史仍会继续……这种知识，并不是古典意识所能够获得的，在胡塞尔这里，古典意识仍然是关于某物的意识。然而，我们绝对不可能像具有某物的意识那样，获得关于绝对的意识。确切说来，这种意识隐含着一种控制，因为，当这种知识被托付给观看时，对于被看者就有一种支配。观看总是多于那被看的东西。那被看的东西，之所以被看，仅仅因为有着一种观看在观看它——这就引导着把人的位置设想为一种知识主体。只有知识被理解为一种观看，才会有一个主体——长期以来都是如此。主体认识的是什么？一些对象。然而，一个对象，是我放置在我面前的东西。因此，当萨特顺着这种认识模式来描述存在之间的关系时，他就让这种关系变成目光之间的斗争，每个人都将他的目光投向他人，从而将他人化约为他的一个对象。在这样一种服从于观看与被看的结构的知识中，某种全能（toute-puissance）以潜在的方式隐含在其中。因此，我们理解了，这样一种知识就是一种支配的知识，科学引发了一种支配的技术。但是，对于这种知识，我们可以进行批判——因此也对好奇加以批判——实际上预设了某种认识。

拉布鲁斯：

在《显现的本质》中，您发展了关于某种直观的、绝对的知识的观念，艾克哈特大师是这种观念的支持者之一。您谈到了关于本质和不可见者的知识的可能性，似乎也在暗示某种不可知论的必然性，如何调和二者？

亨利：

如果存在着两种类型的知识，这种调和才是可能的：一种是基于观看的知识，另一种则是生命的认识（savoir）。如果这些认识的本质完全不同，如果涉及的是本质性的东西，如果本质性的东西是不可见的并且属于生命的领域，那么，关于客观的物质世界的认识就是相对的。这并不意味着必须停止认识世界的实践，人类认识物质事物并将其组织起来，从而让生活得以可能，让生活服从其目标，这非常重要。但是，这种科学知识根本无法通往本质性的东西。这种知识根本不涉及我们之所是的本质性的东西，承认这一点，就此而言可以算作一种不可知论，也就是说一种怀疑论，质疑客观知识能够让我们抵达我们之所是，即作为非生物学意义上的先验生命。实际上，这种知识只是在生物学意义上来处理生命，将生命简化为一些粒子、分子和神经元，从而在不知不觉中把这种知识变成一种意识形态，倾向于认为仅仅存在这种生物学意义上的生命。

拉布鲁斯：

伦理学的好奇是不是更倾向于您在《野蛮》中所说的"生命的认识"（le savoir de la vie），它对立于科学的客观知识，您能否能更精确地描述一下您所理解的"生命的认识"？它是一种宗教知识吗？

亨利：

伦理学的好奇指什么？它是一种与生命相联系的好奇，而不是逃离生命。因此，我们不得不提出一个完全不同的好奇的概念，去谈论一种不再是科学知识的源头的好奇，而是一种与生命的认识相关联的好奇。但是，在谈论这种新的好奇的概念之前，让我们精确地描述一下什么是生命的认识。生命的认识，是一种异乎寻常的认识，因为我们所做的一切，究其根源就来自这种认识，它使生命成为可能，与生命相协调，是生命的本质。例如，为了研究一部生物学专著，您读了一本书，书中印满了印刷符号，这意味着您拥有一种感性认识，这种认识让您可以看到这些字母并进行阅读；随后到来的是另一秩序的认识，因为这些字母具有一定的意义，于是有某种意识的认识的介入，这种意识能够形成这些字母的意义。形成意义的能力并不是一种感知的能力，因为我们的心灵能够形成意义这种神秘的存在，即使某物并不在场，甚至无须将该物表象出来，以不同于图像的方式。在这里，我们有一种认识，这就是意识的认识——意识创造出意义，也创造出图像。在生物学专著的阅读者这里，感性认识和知性认识得以如此这般地运作起来；使那些包含在词语中的意义的理智把握得以可能的，正是意识的认识。当这位用功读书的读者感到疲劳，离开书架稍作休息时，他必须站立起来，并且使得这种最简单、最原始的认识得以运行起来——这种最简单、最原始的认识，已经参与到感性知识和知性知识之中。我们如何能够站立、行动、走出去？

必须注意的是，那些最伟大的哲学家早已遇上这一难题。笛卡尔说了什么？"我是一个思考着的东西"（res cogitans）。然而，"我之思维"（cogitatio）是一种不可见的东西，我们看不到摸不着，虽然这个不可见的东西是最确定的。借助这个"我之思维"，我们就已经进入生命的认识中了。然而，在《论灵魂的激情》中，笛卡尔说，如果我做梦，我在梦中看到的一切都是虚假的。关于梦的论证，笛卡尔又重复了整个传统——但是，他也把论证彻底化了——这个论证就在于，假定我所看见的东西是虚假的，不论是感性的看还是知性的看，包括看见 2 + 2 = 4 的这种看。让我们假设，理性真理的明见性也是可疑的。在我看到 2 + 2 = 4 之际，如果有一位恶灵在欺骗我，如果这一切只是一个梦，那么还剩下什么是确定无疑的？那么，应当剩下来的，不应该是进行观看的存在。现在，笛卡尔说，如果我在梦中体验到一种害怕，这种害怕是真的，甚至是唯一能够得到确定的东西。于是，这种害怕越是真实，我就越是体验到这种认识，也就是说这种认识就越是被体验。因此，正是对于害怕本身的这种揭示，与观看全然无关。害怕的自我揭示，是一种遭受，一种完全独立于观看的先验的感受，正是在这里有着生命。因此，生命向自身揭示自身，直接地、无间距地，不需要任何一种观看；这种直接性，并非一种概念，而是生命关于永不停息的生命本身的一种情感。生命的所有模式，包括知识的模式，最终都属于这一秩序。我称之为彻底的现象学。

关于生命的认识，我还要说，这是一种直接的认识，因此无视一切历史、没有空缺，因此是绝对，因为这是一种感觉，却是一种完全地认识它自身的感觉。这种认识，与宗教类的认识是否有某种关联？是的。为什么？因为这里涉及生命，生命是神圣的。正是生命，是一切宗教事物的支撑。为什么生命本身是神圣的？因为生命的认识，不仅完全不同于基于主客分离的认识，也是一种不包含任何支配的认识。生命的特征就在于其相对于生命自身的被动性。我出生，我不是被创制的，我是根据某个事件从而在生命之中，一个我绝对无法对其负责的事件。这个境况规定着生命的本质，实际上在生命的每一瞬间仍然不断重复产生类似的境况。我的生命，相对于生命自身而言，根本上说来就是被动的。在与自身的关系中，生命体验着自身。体验自身，意味着从根本上来说，相对于自身而言是被动的，也就是没有任何首创行为，没有自由。正是因为这一点，我们没有权利去触碰生命。我们也不能把生命给予我们自身。我们如何有权利和能力走出这种境况？生命的本质是无法解脱的束缚。因此，有着一种持续的自身体验，居于我们的各种能力之中，使我们能够去观看、行走，——但是，相对于这种根本性的能力，我们自身却无能为力。各种宗教，都不过是以各自的方式表达了这种无能为力，这种无能为力内嵌在我的生命的被动性之中。"我是在生命之中"（Je suis dans la vie），这意味着这种生命穿透了我，这是一种奥秘。我完全地在我的生命之中，同时，我之所以在我已经接受并且持续接受的生命中，不是为了任何东西。如果我们不能给生命以伤害，那正是因为生命是绝对的赠礼。在现象学上，这种生命向自身的被动的给予，使得生命的问题关联于上帝的问题。因为，经历自己的生命，如同接受某种东西，这就必须体验到对于自身的某种无限的崇敬。这已经是一种宗教。

拉布鲁斯：

您的哲学是一种生命哲学。因此，为了澄清生命的现象，您在《显现的本质》中曾致力于可见者、不可见者、揭示的研究。此外，在最近的一本书《看见不可见者》中，您还研究了康定斯基的抽象画。好奇，如果能定义为一种观看的意愿，这种好奇与不可见者有怎样的关系？您能否精确地描述一下不可见者的概念？不可见者是否就是奥秘？康定斯基的艺术中的精神性，是否让我们看见不可见者？

亨利：

在《显现的本质》中，我所做的不过是在现象学上区分了事物显现的两种方式：一方面，在世界之中；另一方面，在生命之中。在世界之所是的光明空间中，这个空间也是一个可知的空间——通过一种思想的观看，我看到了某种数学空间之中的圆形和三角形——这是事物得以显现的第一种方式，预设了某种间距、某种可见性的视域；这是因为，在事物之后有某种屏幕，这些现象才得以在这个屏幕上显现出来。这种屏幕是一个先验的屏幕，海德格尔的哲学最终就是对这个视域的描述，对于海德格尔而言这个视域就是时间。这就是他所说的"绽出"（ek-stase），也就是一种根本性的"在外面"（au-dehors），正是"在外面"才浮现出事物的现象性。根据现象学，意识从根本上来说就是在外面的。因此，我就存在于与事物的关系之中。

上述这些都是对的，但也是片面的。《显现的本质》一书就致力于重新考察这些描述，并且揭示出这些描述的有效性及其限制性，因为它们使一种更原始的揭示方式变得完全模糊，这就是生命之所是的方式。我的提议在于，这种揭示方式在其自身之中，完全不同于在外部性之中的万物的呈现方式。这种揭示是一种感受，一种原始的自身感知（se-sentir），这就是我们的存在的肉身。因此，对某些事物的一切感知，都预设了感知的自身感知。我们的生命正是居于此处。世界就其总体来说之所以可能，仅仅是因为我们首先在生命之中。我们向世界的敞开是一种生命的事实，这种敞开应该抵达一个点，在这个点，生命在完全没有光的直接性中体验着自身。这是一种不可见者，也是最为确定的。从现象学的观点来看，不应该将不可见者一词视作否定的。不可见者实际上意味着揭示的第一种形态，即最根本的却是隐秘的，因为我们不能看到它，但毫无疑问，因为那自我体验到的东西，我们不能说没有体验到。正是在这个层面上，生命得到了揭示，我将其看作源始的揭示。

我一直很喜爱绘画，但是有一天，我发现了康定斯基的精彩著作，在其中我看到了对生命现象学的某种阐明。康定斯基对绘画的分析，在我看来，恰好印证了对可见者与不可见者的现象学分析，不可见者才是本质性的。这种证明令人心血沸腾，不仅因为这是由一位天才创作者写出的，也因为这同时是关于可见者的分析，因为绘画是一种视觉艺术。康定斯基的直观是令人难以置信的，他认为绘画所表象的并不是外在世界，而是我们的灵魂，不可见者！这个充满想象力的计划预设了我们有一个灵魂，灵魂是不可见的。但这如何可能？如何画出灵魂，使之被看到？这就是美学问题。康定斯基指出，颜色不仅仅相关于视觉，颜色也在我们内心形成印象：颜色不是一种客观的性质，它能够作用于我们的感受。康定斯基关于颜色动态的分析非常精确，不论是令我们激动的黄色，还是令我们平静的蓝色。激动、平静，都不过是我们心灵的一些样态。因此，我们能够证明一切颜色都是双重的：既是可见的，又是不可见的，但是不可见者才是其真正的实在。因此，一切的图形因素，既是内在的也是外在的。康定斯基就主张，一切图画都基于不可见者，不仅包含抽象画，人们选择一种颜色是由于这一颜色的变动的、情感的权能。从而绘画就构成了一种证明，本质性的实在是不可见的。因此，绘画所给予的不仅是让人观看，而且让人感受。绘画使不可见者得以被观看，根据绘画所让人感受到的东西的比例。绘画让人更多地感受可见者，而不是让人看见不可见者，因为绘画使得可见者变得不可见，这才是绘画的深层的本性。在这样的条件下，我们可以将证明扩展到世界，世界也是由一些形式和颜色构成的，并且证明，这种揭示也是双重的：所有的东西，既被揭示为在我之外，也被揭示为在我之中的生命的发展。我相信，正是这一点能够还给世界以其本有的诗意，以及心灵之所是的这种肉身。这个肉身，就是我们之所是。因此，就我们的生命是一种变动的、感受的生命而言，宇宙的实在就在我们的生命中。

拉布鲁斯：

在《显现的本质》中，您评论了艾克哈特大师的表述"人，认识上帝者"（Gottwissendermensch）。我们能否说，在您看来，关于这种认识，人对上帝感到好奇？反之，在这同一个传统中，我们能否说上帝对人感到好奇？

亨利：

这让我们返回好奇，并更精确地定义好奇。我们可以看到，好奇实际上意味着两种完全不同的东西；因为，如果我们把好奇定义为一种求知的欲望，而没有把这种认识与观看联系起来，那么我们可以说人对上帝感到好奇。在这个尺度内涉及的就不再是观看，而是沉浸在一种揭示之中，最终沉浸在一种情感、一种情绪中，好奇就取消了一切的活动，一切的激动，一切的统治，从而去思考，有可能体验一些我们从来不曾体验过的东西，因此采取一种完全被动的态度，从而能够获得一些从未经历过的体验。尼采谈到了人的"最大的追猎"。我的理解是，这不是朝向外部、朝向可见者，而是朝向人的内在经验。在这方面，人类也许可以感受到一种强度更高的实践，超过到目前为止所经历到的一切。艺术，是那种能给予个体一种可能性，使他们能在自身中感到从未体验过的力量与情感的一种宇宙，给他们敞开一些更强大、更高的生命形式。于是，我们可以承认好奇，好奇是这样一种待命，能够承担某种类型的信仰，也就是说让某种具有优越性的经验得以可能：其中爱是启示，一种内在的欢乐和某些审美经验。这些欢乐，让存在的某种扩大得以诞生，即朝向无限制性和不可见者的扩大。正是在这个意义上，我们可以说，人对上帝感到好奇。正是艾克哈特大师指出，一种期待和谦逊的态度，能够让我们通往一些我们原本不知道的欢乐。一个从来没有爱过的人，是不知道爱带给人的欢乐有多强烈的。闭上双眼，某种好奇才能获得其自身的充分权利。谁知道人的生命被赋予什么？

因此，我们能否反过来说，上帝对人感到好奇？对我而言这个问题无法回答。为什么呢？我一直想让人们理解，存在着两种生命，一种是生物学意义上的生命，一种是先验的生命。使我的生命变得活生生的，乃是在绝对意义上的生命。仅仅在我的生命中，我才能够注意到在我之中展开的这种绝对的、无限的生命。因此，如果我对上帝感到好奇，我也许能够体验到这一运动。但是，我无法置身于这种无限的生命中，来说这种无限的生命对我感到好奇。因此，我无法回答这个问题。实际上，在这种无限的生命中，我一直都只是被动的。无限的生命总是先于自我，根据我能够对其有所体验，我又与之同时俱进，但总是存在着某种出生之前的东西，在自我之中运作着。我能够以现象学的方式描述我所体验到的生命，并且显示出在我之中的生命的本质，但我不认为我可以成为这种绝对的生命，以这种绝对生命的名义来言说。因此，当涉及这种绝对的无限的生命，追问就不再有效。追问，就是提出一个问题，并超越这个问题进入一个视域，并从这个视域出发来考察人们所言说的东西的合法性。提出一个问题，就是问为什么，也就是进入一个外在的设置，通过这个外在的设置，人们才能够提出"为什么"的问题。这种追问，对于与生命相关的一切而言却是不适应的。生命从来都不会外在于自身，生命也不在某种视域之中呈现，因此提出这样的问题是十分荒谬的。这也是西勒修斯（Angelus Silesius）的话中之义 [1]：

> 玫瑰不为什么，盛开只是因为盛开，
>
> 它既不在乎自身，也不想要被看到。

---

1 ［译注］西勒修斯（1624—1677），出生在波兰的神秘主义神学家。海德格尔在《论根据的本质》一文中也引用过这首诗。

9　　　身体、肉身与生命

与卡鲁娜的谈话[1]

卡鲁娜（Virginie Caruana）：

对《显现的本质》的阅读，让人追问身体的在场。生命与身体的关系是什么样的？生命如何让自身肉身化？

亨利：

《显现的本质》旨在对古典主体性进行批判：首先是康德的主

1　刊于《哲学》（*Philosophique*）杂志，2000 年 1 月号。这个访谈，恰好在《道成肉身》（*Incarnation*）一书出版之前，以讨论身体为主题，而在亨利的现象学中，从一开始身体就扮演着原初的角色，并且用身体来论证"显现的二重性"：经典现象学仅仅承认世界现象学，比世界现象学更重要的，是关于不可见的生命的现象学，生命扎根在主体身体之中，是一种能够从内部抵达世界的"我能"，超越性在其内在性之中有其基础，《显现的本质》要证明的就是这些观点——从这个观点，对萨特、梅洛-庞蒂的批评——生命与时间性紧密相关，生命并非驻留在绽出式的时间—空间的把握之中，而是在自我感发的内在过程之中——关于情爱、焦虑、生命与伦理、生命与自由的关联，这些都基于自身和自身性。［译注］本章标题为译者所加。

体性，在我看来它是一种纯粹形式化的主体性，生命在其中是缺乏的。这种康德式主体性只是空洞的"我思"，是由用来领会世界的诸种范畴所形成的。因此，这种主体性完全朝向世界。我的计划在于指出，主体性是一种具体的主体性。克尔凯郭尔是我曾经十分仰慕的一位思想家，他的哲学充满了焦虑，完全不同于主体哲学，特别是那种仅仅理解为知识的主体，也就是说客观的主体。在那个时候，我的计划还只是思考"显现的本质"的问题，我通过关于身体的章节来开始我的研究。我想要确立身体的重要性，揭示出主体性是身体性的，主体性就是身体，或者，如果您愿意，也可以说身体是主体性的。在那个时期，我可以利用的作者，是麦纳·德·碧朗，我关于碧朗存在论的讨论，原本是用来构成《显现的本质》中的一章。这种关于身体和生命的反思，变得越来越重要，我就将其从关于显现的论著中剥离出来，因为这本书处理的并不是身体问题。对于《显现的本质》的处理，是基于某种现象学的方法。正是在这里，我揭示出专属于我的现象学前提：因为我的现象学发现了一种二元论：有一种关于世界的绽出式的现象性，这就是海德格尔的现象学，但更重要的是要认识到还有一种完全不同的现象性，也就是生命的现象性。在这方面，我们可以讨论显现者的两重性或者两面性，纯粹的现象性的两种方式。接下来，我想要将这些前提运用到对马克思的解读，继而是在《野蛮》中关于文化的研究，随后是我在讨论康定斯基的研究中关于艺术的探讨。一旦拥有了我自己的体系，我又重读了胡塞尔，他在我看来仍然是最杰出的现象学家。我还运用我的现象学来研究无意识：这就是《精神分析的谱系学》。

卡鲁娜：

如果必须区分两种身体性，这两种身体性互相如何关联？生命与生命的他者即世界的关系是怎么样的？

亨利：

我的答案是，肉身（la chair）是第一位的，肉身与先验自身（Soi transcendantal）是同一的，就肉身乃是先验自身的现象学的物质性而言，也就是说这个自身拥有着某种物质，严格地说，这种物质并不浑然一体，这似乎是荒谬的，但这种物质正是使自身成为痛苦、快乐的东西。必须将肉身理解为一种自身—印象性（auto-impressionnalité），一种感受性的物质，这种自身—印象性就是自我感发的肉身，不需要外在的世界。因为真正的身体性与世界的关系，是一种感受性的自我感发。活生生的肉身对世界是无视的。这里涉及一种特殊复杂的关系："我能"乃是有机身体的展开，这个身体是纯粹的主体性，这个"我能"遇到了来自内部的一个世界的持续抵抗，这是一个还没有世界的世界，这一点是异乎寻常的。但是，我们可以从外部看到身体所采取的、所触及的一种形式——然而，我的客观身体不能采取也不能触及这一形式。海德格尔说得很好，桌子并不触及墙壁，台灯也并未放置在桌子之上，这样说已经是一种拟人倾向。相反，对于海德格尔而言，我的手却可以触及桌子。但是，在我看来，手并不是客观地触及桌子，而是在这个有机身体的内部才做到触及桌子，有机身体曾由麦纳·德·碧朗所确认，并且不属于世界。在我的下一本书《道成肉身》中，我将把这一分析用来分析情爱现象。如今，当有人要做一件客观化的色欲之事，第一件行动就是脱下衣服，人们就把情爱现象归结为一种充满矛盾的计划，在这样的计划中，主体性想要如同呈现一个外在物体那样呈现自身，从而让人们能够由此出发，抵达那种实际上只能在其内部的内在性中才能体验到的所在。生命从来不是作为与世界的外在关系而被体验的，一切都在不可见者之中发生着，即使我也能够在外部显现自身。

卡鲁娜：

生命是否需要世界？

亨利：

这是一个谜。17世纪初的一位哲学家，雅各·波默（Jacob Böhme）[1]曾经提出并尝试回答这个问题：为什么上帝创造了世界？为了自我显现，为了自我揭示。波默所说的这些，使他成为德国观念论的先驱，因为他实际上所构想的揭示就是客观性。实际上，不同于客观化的揭示，即世界的揭示，还存在另一种揭示。但是，为什么还有一个世界？我不知道如何回答。现象学只

---

1 ［译注］波墨（1575—1624），德国哲学家，神秘主义神学家。

满足于描述。

卡鲁娜:

《显现的本质》与二战后法国哲学的两大作品《存在与虚无》《知觉现象学》有何关系？您对萨特的批判体现在哪方面？对梅洛-庞蒂的身体概念，您怎么定位？正如梅洛-庞蒂所做的，将意识与身体、与世界联系起来，这是否走得足够远？对于意识本身的自然性，您怎么看？

亨利:

《显现的本质》并没有把《存在与虚无》视为对立面。我对自己的定位，是相对于麦纳·德·碧朗和笛卡尔，相对于黑格尔、海德格尔和胡塞尔。在这部作品中，我们可以说，《存在与虚无》《知觉现象学》都在我的考虑之外。

卡鲁娜:

您不相信这两本书？

亨利:

是的。这两本书我都没兴趣。我谈到了"处境"，却是以一种纯粹批判的、非常遥远的方式。我承认，我将他们两位都视作次要的哲学家。请参阅我关于"处境"的文字。当我撰写《显现的本质》时，梅洛-庞蒂已经是《知觉现象学》一书的作者，因为他的遗著《可见的与不可见的》还没有出版。然而，梅洛-庞蒂所理解的对于知觉的批判是相当清晰的，这种批判就在于，有着一个主体性身体，这确实不错，但是他能做到这一点只是因为受到胡塞尔的影响；但是，意识或者主体性就其本质而言，仍然是意向性的。因此，在梅洛-庞蒂这里，身体是朝向世界投射的，身体总是与事物相关联，不可能找到一处地方，身体在其自身中处于静休状态。然而，我的命题则在于，身体性作为一种自身感知（auto-sentir）是先于意向性的。在一种遭受（pathos）之中，意向性在无意向性的情况下向自身揭示出来。结果，梅洛-庞蒂总是谈论可感者，却对可感者的起源避而不谈，对于起源他也不感兴趣，就此而言他就错了。因此，萨特和梅洛-庞蒂一样，接受了海德格尔对内在性的批判。因为对于海德格尔而言不存在什么内在性。而在胡塞尔看来，意识是意向的，但是他持续地将意向性置于某种内在性中，尽管意向性是一种朝向外部的超越，因为胡塞尔并没有真正地偏离笛卡尔。至于萨特，他从来没有把握到生命的内在性。在萨特那里，存在持续不断地虚无化，从而在自我与自我之间总是存在着一种间距，与自身的关联也就是与某个他者的关联。因为与自身的关联是这样被构想的，就有可能在其中使得自由运转起来。人的行为就如同一位演艺明星或者如同一位咖啡厅男侍。然而，在生命中这种关联并不存在。马克思说得好，个体完全搞错了自身：他不应该从自认为的或者他的"意识"，来定义自身，而是应该通过其实践的现实，也就是说通过其身体主体性。当我开始对马克思的研究时，我发现，对于马克思而言，实际上这种身体的主体性才是本质性的，这种主体性构成了他一切经济分析的原则：这就是主体的、个体的、活生生的、现实的劳动。整个经济学，只能从这种劳动的性质出发才能得到理解，因为经济相对于生命而言是次要的，经济并不是在生命本身的层面上运转的，而是在一些表象之上，这些表象只是现实的替代品。

说回萨特，我并不是真正要谴责萨特的危险，而只想指出他的这种现象学并非来自源头，因此也错失了生命的本质，这不同于我的现象学。我指责萨特的地方，在于他处在黑格尔之下。正是在黑格尔那里，萨特找到了否定性。否定性意味着，精神只能通过一种距离的拉开才有可能出现，这种拉开距离的第一行动就是时间。时间拉开了距离，使得观看成为可能。就此意义而言，时间是真理和存在的源头——而代价就是某种摧毁，现在被摆弄到过去之中，从而现在遭到了摧毁。在《物质现象学》中，我对胡塞尔的批判正是针对这个问题：拉开距离是摧毁性的，胡塞尔本人也承认这一点，但是他无法把距离省略掉。生命，如果被归结为某个已经流逝的瞬间，就不再是生命，胡塞尔这样说。于是我回到这种时间的构想，将时间看成一种摧毁性的拉开距离，这是在我的《我即真理》一书中讨论的。归根究底，对这种距离的拒绝让我抛弃了萨特。在我最近关于肉身的著作《道成肉身》之中，我的批判指向梅洛-庞蒂，不是针对《知觉现象学》，而是针对《可见的与不可见的》，关于观看者—可见者的这一对子的相互交错，梅洛-庞蒂将这种交错放置在一切事物的源头。我要感谢萨特的是他的戏剧才能：在《存在与虚无》中，有着真正的戏剧性场景，很有意义。我想到了其中的女主人公，当男人拥她入怀之时她丝毫未加抗拒的，她的手似乎中立化了，麻木了，她的所作所为似乎是她的手不复存在，她另有所思。这个场景尤其让我联想到克尔凯郭尔，想到他的焦虑概念。

卡鲁娜：

　　但是，我们能否从中认出一种超脱的意志？我们能否在意愿中反对生命？

亨利：

　　当然可以。但问题是内在性的。这不是一种严格意义上的"反对意愿"。一切的拉开距离其实是不可能的，因为这里涉及的乃是生命。拉开距离取消了生命。例如，如果您能够与您的痛苦拉开距离，如果这种痛苦仅仅只是某种表象的对象，您就不再感到痛苦。然而，这正是西方的伦理学以及早期精神分析所想到的：只需要意识到他的创伤就能够最终摆脱。但这并不是全部。在其作品的第二部分，弗洛伊德修正了这一点，他确认了生命的自我修正乃是必要的，这种自我修正是在移情中产生的。异乎寻常的是，弗洛伊德首先置身于"希腊式"层面，在这个层面，拯救就在于对自身的自我意识，随后，才考虑到拯救只能来自生命本身：这就必须处在憎恨的层面，从而让憎恨转变为爱。但是，问题并没有消失。然而，我认为，基督教的构想是这样的：在内在性中并没有意识的获得，而是关于自身的体验发生了变化，这种体验变得越发深刻，仅仅是在这种内在的深刻化之中，才有可能产生变化，但是从未离开生命的层面。因为，正是在生命之中，才出现了需要，需要自发地变成了实践，实践带来满足。这里涉及的是一种自我转变。在实践的层面，正是生命本身耕耘土地并且收获，用来养活生命。人应该行动，如果他想要达到某种主体效果，就要在一种努力的情感之中，使身体的内在能力活动起来。在这样的眼光下，行动，生命，都消失了。这样，就必须理解里尔克在《杜伊诺哀歌》中关于爱人的亲吻所发生的呐喊，"啊！饮者都将规避那种行为而去"[1]。实际上，我们可以看到自己的行为，但是在这个时候，更原始的过程就消失了。

卡鲁娜：

我们能否设想一种生命的时间性，如何设想？这种时间性的特殊性是怎样的？

---

1 ［译注］此诗句摘自里尔克《杜伊诺哀歌》中的"第二哀歌"。相关的诗句如下：

情侣们，你们是否依然相爱如故？当你们互相
把对方举起，就近唇边——一口一口啜饮：
啊，无论多么美妙，饮者都将规避那种行为而去。
（此处译文为李魁贤译，摘自臧棣编《里尔克诗选》，北京：中国文学出版社，1996 年，283 页。）

亨利：

今天，我认为存在两种时间性。第一种是海德格尔在《存在与时间》第二部分所构想的时间性，这构成了这个精彩文本的对象：时间性就是世界，或者更确切地说，就是时间性的时间化，也就是说外在性的形成——如此这般的外在性，是"外于自身"。这种时间性，是通过三种类型的绽出加以研究的——这也是重新思考黑格尔的否定性的一种方式。否定性揭示出它所虚无化的东西，但是否定性本身不具备现象学的地位，从这时起，否定性就不复存在，而只是一种思辨的实体。然而，现象学问题仍然存在。时间性、否定性如何在其自身中揭示自身？这里所涉及的不仅是时间性拉开了距离，也涉及使得拉开距离成为可能的一种能力，这种能力正是生命本身。于是，生命在其自身中是纯粹内在的，那么生命如何能够拥有一种时间性？基督教帮我澄清这个问题，因为基督教隐含着绝对生命的内在过程，也就是生命在圣言中的产生。这是一种无差异的时间性，一种在自身之中运动起来的内在运动，从来不与自身相分离，因此这种运动也排除了对世界的依赖。这正是我们之所是。在这一点上，我重拾了艾克哈特大师的观点：上帝如同我自身那样，生成自身。我属于一种内在的时间性，这种时间性从未与自身相分离。这种运动，就是上帝的内在进程，因为上帝必然地如同一个自身那样自我生成。在生命之中，必然有一个自身，但是如果没有一种自我感发，就不会有生命，而自我感发是在某个自身的同一性（ipséité）中通过感受的方式自我体验着的，于是，在这种时间性之中，才出现了自身，因此才出现了我的先验自身，结果也出现了肉身的可能性。因为肉身不是别的，而是这种生命的自我感发的现象学材料，正是在自我感发中，我体验到自身并且来到自我之中。换言之，在生命之中，有一种始基生命（archi-vie）、一种始基遭受（archi-pathos），这才是生命的实体，也就是爱和欲望的实体。然而，我的肉身是有限的，确切说来，肉身并不在自身中提供自身。于是，如果肉身并不提供自身，就必须有着绝对生命的潜能，在这种潜在自身之中提供自身。因此，拯救并不在于理智的把握，而在于生命的经历，也就是说突然感觉到被这种潜能侵入。只有当人们经历了这一点才能够理解。同样，只有当这种大写生命在我们之中，我们才能够理解作为大写生命的言语的《圣经》。正如圣保罗所说的，唯有精神才能够理解精神。绝对的大写生命在自身之中提供自身，并且在一种感受性的自我感发之中，在自我之中提供自我，在这种情况下生命就其本质而言是感受性的。生命在自身之中，让许多根本性的情感基调得以显现，尤其是苦（Souffrir）和乐（Jouir）的情感——因此，我们有限生命的各种情感基调都只是生命的一些样态。这样，痛苦（souffrance）就是这种苦（Souffrir）的一种样态。我已经在《显现的本质》中解释，痛苦作为进入自我，承受自我的原始样态，也是一种自我愉悦，因为二者都是一种自身性的情感。在克尔凯郭尔那里，绝望就是这样转化到至福中的。

卡鲁娜：

这能否持久呢？

亨利：

如同生命一样持久。这是一个真正的问题，关于自身，关于自身向其自身性的过渡，我已经给出答案。但是，这里并没有什么因父及子，因此约翰说，太初有言，也就是说在自我愉悦中就有着生命的自我完成，这属于生命的过程，这个过程来到自身之中，这就是生命的自我诞生，作为最初生命体的诞生。

卡鲁娜：

一种生命哲学，是否应该为一种伦理学奠基？这种伦理学将如何得到论说？

亨利：

一切伦理学都伴随着文明和文化而开始，伦理学总是联系实践，如果我们在广义上来理解伦理学，伦理学涉及的首先是满足生存需求。但是，我的第一个回答包含在我讨论马克思的书中，在这本书中，伦理学被定义为对于满足需求的证成，并且带着这种证成所包含着的用来完成的各种样态，其中最重要的样态就是劳动。劳动提出了一个伦理学问题，例如，马克思发现劳动总是伴随着对人的剥削。因此，在世界的核心问题得到考察后，伦理学就开始了。我的第二个回答，涉及伦理学的奠基，这也关系到文化的创造，因为基本需求的满足只构成了第一层，如同以爱的名义所做的那样。在爱之中，欲望不再是对象化的，而是在自身的层面来完成，也就是在生命的内部，在身体的主体性中完成。当一个工人走向工厂，走向工厂的正是他本人，正是他的劳动着的主体身体，他的主体性不曾远离哪怕一步。在《野蛮》这本书中，我讨论了这一点。我的第三个答案指向基督教的伦理学。如果宗教就在于先验自身与产生先验自身的生命的内在关联，那么这种关联就有一种历史，也在发生转变。在《圣经》中，在亚伯拉罕的时代，这种关联是崇拜和结盟。接下来，上帝的选民变成了偶像崇拜者，他们开始过上穷奢极欲的生活，贪慕权力与金钱，因此也就不再崇拜上帝。这就是伦理学的对象：结盟的失效和重建的方式。首先是摩西的律法，接下来是圣保罗的批评，揭示出这种律法为何是无力的：唯有在爱之中的生命的力量，才能重建人与绝对者的联系。

卡鲁娜：

因此，我们可以说，生命并不接受所有的行为。

亨利：

是的，某些行为对于生命是合适的，有些并不合适。

卡鲁娜：

我们是否有可能选择并且知道，对于生命而言，哪些是善的、好的？

亨利：

　　正是生命进行选择，为了选择，必须有能力，只有在生命中才有能力被给出。因此，自由在生命中得到奠基。至于对它的知识，是有的，即生命的自我认知。必须让一切各归各位，返回基础。

卡鲁娜：

　　在《我即真理》之后，您的研究工作面向哪些问题？一种理想的现象学的当下任务是什么？

亨利：

　　我写完的书是关于道成肉身的，也就是说生命在一个肉身中的来临。相对于我之前关于麦纳·德·碧朗的研究，我的视角有了较大的改变。我使用的术语完全变了，我提问的历史序列，是关于《约翰福音》、教会的早期教父等，相对于身体的现代论述，他们更能让我感兴趣。这里涉及肉身的现象学或者考古学，揭示出生命在肉身之中的来临。我的现象学提出关于现象性的一种新构想，对现象学的古典构想表示质疑，这种古典构想从古希腊以来就占了上风，而其他现象学家都仍然忠实于这一古典构想。于是，我想要对涉及他人的经验进行反思，我将我的现象学前提运用到关于他者问题的研究，因为在这一点上，以往的现象学家和哲学家在我看来都失败了。作为挑战，我想要看到，我的生命现象学能否解决这样的问题，尽管在我看来还没有人能够解决这个问题。我以圣保罗为参照，通过回顾关于耶稣基督的神秘身体的命题，从而使我对基督教的研究，正如同我对马克思哲学所做的那样。

于是就可以发现，我的生命现象学，也呈现在另一种生命现象学中，也就是我到目前为止一直认为的个人真理。以前，我已经研究了生命、自我、主体身体（即肉身）。然而，从此之后我面对的不再是一种关于肉身的现象学，而是关于道成肉身的现象学，不再是一种关于自我的现象学，而是某种自我之前（un avant le moi）的现象学。这就涉及去了解自我如何来到自身。正是这样，我构思了这部关于基督教的书，这实际上是一本彻底现象学的书，讨论的是在我们的生命之前到来，但又在我们生命之中的东西——这种解读需要向上回溯，前去探寻那先于主体的、先于自我的东西。《道成肉身》是一本关于某种"先于肉身"者的著作。这部论著回顾了我全部的研究成果，并且在此基础上又再次出发：我首先致力于对现象学的一种颠覆，并且揭示出相对于现象学我所持的立场；第二部分，建构一种肉身的现象学；第三部分，则是一种道成肉身的现象学。生命，就是内在性，就是"在……之中在场"，也就是说在生命之中，不仅有着生命的痕迹，而且有着绝对的生命。生命在自身之前就已经来临，就此而言，生命是自身给予自身，但生命自身在以某种方式成为自身之前，就已经在自身给予：这就是我的命题。

另一方面，我选择了犹太—基督教时期作为讨论的历史顺序，这时人们还不知道身心二元论，充满了原创性，并且与柏拉图主义、古希腊哲学相对峙，后者都基于这种身心二元论。对这种巨大冲突的分析是我本书的兴趣点之一。诺斯替派，作为柏拉图主义的基督徒，都是一些二元论者，他们没有办法承认约翰的话"圣言道成肉身"，然而这样的命题却让我倍感喜悦。我的反思立场与《物质现象学》一脉相承，因为在这本书中，我尝试去言说的乃是生命的实体。这种生命的实体，胡塞尔命名为"印象"。这样，胡塞尔说，数学判断的意识是一个印象，这甚至是一种原印象。但原印象应该是绝对生命感受性的自我给予，在一种始基肉身（archi-chair）中，这个始基肉身也是一个始基自身（archi-soi），即在圣言之中。然而，对于胡塞尔而言，原初印象是在时间之中到来的，印象来自未来，抵达了现在，而现在对印象而言只是一种观念的极限，因为现在很快就滑到了过去。于是，实际上根本不存在任何"活生生的现在"。

我的研究工作的方向，是对纯粹揭示活动中的纯粹现象学的质料的探寻，从而在质料中确认出一种始基肉身，一种始基遭受（archi-pathos），即爱的肉身。这个始基遭受并不能被简化为一种空洞的、形式化的目光，投射到世界中的那些正在发生的事物。始基肉身是生命的厚度。出于这个原因，始基肉身使这些行为成为可能，它居于意向性中，也居于黑格尔和萨特所说的否定性中。在《显现的本质》中，有着对海德格尔的烦的概念的批判，海德格尔的理论很大一部分借自克尔凯郭尔——但是，海德格尔对其意义作了曲解。在某种意义上，我在《道成肉身》中关于情爱现象的探讨，正是对海德格尔焦虑概念的批判，我将这种焦虑导向克尔凯郭尔的理论。因为恰恰是在克尔凯郭尔那里，焦虑不是通过时间、过渡来解释的，焦虑并不在世界中：焦虑是一种"跳跃"，只有通过他称之为永恒的东西，这种跳跃才是可能的。

为什么要做这样一种考古学？因为那首先到来的才是本质性的。也可以说，我的哲学发生了变化。这里涉及的不再是对人文科学的考古学，而是一种关于肉身的考古学。说到这一点，这是因为，归根究底，我们自身的一切都无法用客观性加以解释。我们并不是世界中的存在，因为在世界之中并没有大写生命——生命是一种充满能量的信息，往往要历经艰难方能传达……

10　　　**主体性与生命现象学**

　　与加利贝尔的谈话[1]

加利贝尔（Thierry Galibert）：

　　从您的第一本书《身体的哲学与现象学》开始，并继而在《显现的本质》中深化，您让我们明白，我们的所有罪恶都源于身体意义的丧失。您所说的"绝对主体性"以及后来所说的"生命"，就其本质而言乃是身体性的，因此应该被认为是我们的存在基础。然而，哲学，至

─────────────

1　刊于 2000 年 12 月 11 日的《另一种南方》（*Autre sud*）。身体以及感受性主体性的问题，个体化的进程，避开了一切的外在性，并且保持在具体主体性的遭受之中——由此出发对弗洛伊德和叔本华的立场进行检讨——《约翰福音》中的前言与关于生命与感受的现象学的令人惊奇的协调一致——随后，对话朝向这种生命现象学的各种应用：关于马克思的著作，对于劳动的非自然化的排斥，这种劳动被经济学的某种观念性取代，然而，审美创造和理智活动使感受得到满足，帮助生命建构自身；《野蛮》，被构思为关于马克思的反思的一种拓展；理性从属于感受的力量；爱欲中的身体与肉身；哲学作为伦理学的必要尺度，如同宗教，宗教也向我们言说生命。

　　[译注] 加利贝尔，现任法国艾克斯-马赛大学法国文学教授、作家，著有《诗人与现代性》等。本章标题为译者所加。

少从笛卡尔以来的哲学，都是理智的事情，而不是情感的事情。因此，您反对在您之前的整个哲学传统？

亨利：

我的出发点实际上就是与经典哲学、现象学的对立，在 20 世纪中期，现象学突然闯入法国并流行开来，这正是我开始写作的时期。这些哲学体系所支持的关于人的定义，都不能让我满意。主体性的概念统治着笛卡尔以来的现代哲学，但是这种主体性是抽象的，就是思想。在我看来，主体性，也就是我的深层存在，是某种极为具体的东西。正是为了这个理由，我发现了——这个发现曾让我心潮澎湃——我的身体是主体性的，这让我得以拥有关于主体的具体特征的主要证据。我称这种具体的主体性（身体就是这种主体性的场所）为"生命"。在《显现的本质》中，我想要理解这种主体在哪方面不同于经典哲学和当代现象学中的抽象主体性。这种差异就在于朝向自身进行自我揭示的两种方式。这里所涉及的，不再是一种朝向世界敞开的、未被规定的主体性，而是首先在一种彻底的直接性之中、以感受的方式朝向自身给予的某种主体性。这就是我后来所命名的"我们的肉身"——一种通过印象获得的、感受的主体性，比理智的主体性更为深刻，后者只是局限于形成一些表象或者概念。

加利贝尔：

实际上，如果化用普罗泰戈拉的句子，这种主体性难道不是

"万物的尺度"，并且，正如您在《显现的本质》中所说的，在我们之中，这种主体性就是某种"绝对主体"？

亨利：

就此意义而言，我没有使用黑格尔的这种表述，虽然这种表述与我的信念相符。这种占据优势的观念，在梅洛-庞蒂那里已经能够找到：我们的经验主体，并不是一个理智的主体，而是我们的身体。然而，还需要解释的正是这个身体。因为，对于梅洛-庞蒂而言，在胡塞尔之后，身体本质上被构想为朝向世界的一种敞开——这一点也始终是对的。但是，如果我们的身体使我们向世界敞开，这是因为在此之前存在一种情感的、肉身的身体性，正是在这种身体性中，身体才被给予自身。实际上，我们的身体的诸种能力，之所以能够完成它们所做的，恰恰因为这些能力首先是在一种原初的直接性之中，以感受的方式被给予的，这种原初的直接性，就是我们的原始主体性，就是我们的生命。

加利贝尔：

考虑到您个人的哲学进路，您对生命、绝对主体性的理解，是否首先出自某种直接的直观？

亨利：

确实如此。我所说的正是我所思考的，更确切来说，也是我在盲目之时已经感受到的，我相信，为真的东西，应当对于其他人也具有真理的部分。我的深层信念在于，人类的命运，并不是被写出来的，我们必须在自己身上找到那在未来等待着我们的答案。可以肯定的是，在一位研究者的生命中——相当枯燥的生命，因为这预设了对各种伟大思想的掌握——我认识到一些情感。我体验到这些情感中最主要的一种，当我理解到，我们的主体性就其根本而言是情感性的，主体性是某种类型的遭受（pathos），与我们的受苦、我们的欢乐处在同一秩序之中，尽管所有的理解都首先具有一种情感的基调，这种主体性就是在这种情感基调中被给出的，从而这种情感基调就构成了原始的给予、最初的经验，我以前称之为"绝对主体性"，现在我称之为"生命"。

加利贝尔：

在《身体的哲学与现象学》中，您恢复了麦纳·德·碧朗这位法国哲学家的奠基性地位。是否恰恰因为这位笛卡尔主义者拒绝了精神和身体的区分？

亨利：

确实如此。麦纳·德·碧朗是对笛卡尔的我思进行反思的唯一一位法国哲学家——甚至是唯一的欧洲哲学家，而其他的伟大的笛卡尔主义者，如斯宾诺莎、马勒伯朗士、莱布尼茨，都放弃了这种反思。他们没有真正地理解我思，因为在我思的核心处恰恰存在着一种直接性。麦纳·德·碧朗曾经觉察到，这种我思并不是一种表象——就表象的类型来说，例如，我认为桌子是白的，世界很糟糕，等等——相反，就其本质而言，我思毋宁说是处于某种受苦的秩序之中，在那个时代被称作"某种激情"（une passion）。某种激情，因为就我思的定义而言，最初到来的东西就是"我感觉"（je sens），感觉本身的自我感知。笛卡尔的我之思维（cogitatio），就是那使得一种痛苦给予自身的东西，没有思想，在印象的、感受性的肉身中被给予。笛卡尔在我们自身的内部发现的，因此并不是一种思想，而是一种行动，并非一种未被规定的行动，而是一种总是被感受规定的行动。努力就是关于行动的情感，努力是朝向自身通过感受的方式被给予的，是自我给予的印象，是肉身，从而也是原始的身体性。于是，主体性就获得了我一直在研究的一种具体维度。然而，笛卡尔很快就忽略了这一点，因为他感兴趣的是科学，是对世界的认识。

加利贝尔：

换言之，因为笛卡尔跳过了，并且他更倾向一种理性化的进程，我们能否说，西方的个体化进程，就基于生命的理性化的败坏，因此也是主体性的败坏？

亨利：

绝对如此。实际上，个体化的进程，如同其他一切未被澄清的问题一样，是模棱两可的。在西方有一种根本困境，这种困境可以说是对希腊理论的回响，根据希腊理论，人是一种动物，却是一种带有逻各斯的动物，也就是说能够形成一些意义、一些观念，能够思想，唯有理性能让人与其他动物区分，动物则完全沉浸在感性之中。然而，这个预设使得西方没有能力提供一种专属于人的个体化，因为理性毕竟是普遍的。为了给个体化奠基，因此就必须关联到世界万物，人就必然要通过空间和时间才得以完全地个体化。这是一种混杂的理论，它一方面借助普遍理性来定义人，而人还不曾掌握这种普遍理性；另一方面，又借助人所不是的物质来定义人。我的主旨就在于，个体化就存留在某种具体的主体性的遭受中，正是麦纳·德·碧朗首先洞察到这一点，尽管他还未能对此加以奠基。碧朗说过：我行动，我进行努力，正是在这种努力的情感中，揭示出真正的自我。我是我，因为我不只是被动的，我也是我直接地感受到的这种努力，通过这种努力我与这种感受合而为一。因此，他所寻求的是自我，在这种深刻主体性的自我感发之中，在遭受之中，有着我所说的生命和肉身。

加利贝尔：

弗洛伊德不曾读过麦纳·德·碧朗，弗洛伊德提出了无意识作为理性的最终显现，正如您在《精神分析的谱系学》一书中所说的，而不是生命。为什么当他提出相反的主张时，要压抑身体呢？

亨利：

这是一个超出了精神分析的根本问题，并且指向欧洲文化史中的一个关键时期。这个时期，确切说来是伴随着叔本华而产生的。直到那时，意识仍然是通过抽象的思想来定义的：康德式的"我思"建构着宇宙。这种我思是我们的经验的源头，并且完全是未被规定的。理性之光明属于意识，至于其他的一切，其中包括身体，则被抛弃到物质的层面，从而只通过某种不同于理性的原则来加以澄清。叔本华有前所未有的洞见，他认识到在人之中最深刻的东西并不是"我思"，尽管在康德的经典哲学中，"我思"是理智的，相反，最深刻的乃是他所说的"生命意志"，这种意志的意义完全不同于理智化的意志的经典定义。正是这种意志穿透了我，这是一种欲望，而性欲是这种欲望的原型，我们浸没在这种欲望之中，这种欲望挤压我们，并且不断重新开始。但是，因为我们已经将理智的"我思"赋予意识，正如拉康所说的，"这个"（cela）就只能是无意识；由此导致了精神分析作为一种现代思想，可以理解为处在某种保留给理智活动的意识与作为无意识和冲动领域的其他部分之间。这就如同我们的痛苦，在我们的生命中扮演着如此重要的角色，却是无意识的。如果痛苦是无意识的，痛苦如何成为我们的行动的来源？叔本华就面临着一种二律背反，他无力加以解决，因为他只是接受了这一面向。他接受的是，意识是保留给表象的，保留给"我认为……"，保留给理智活动，正如弗洛伊德后来所做的，因此所有的其他部分都交付给无意识，然而，真正的哲学工作在于从中辨认出一种经验方式，一种完全不同的秩序的现象性，这种现象性就是感受性，但并非因此就是无意识。

加利贝尔：

因此，叔本华没有试图去解决困境，而弗洛伊德则以一种纯粹否定的方式来重蹈覆辙？

亨利：

是的，但也有点类似于叔本华的方式，弗洛伊德说，那决定着我的东西，是我所看不到的，因此就是无意识。于是，冲动就变得晦暗不明。有的人说冲动是处在心理层面的，心理层面的东西属于无意识，而有的人说无意识也是生理学层面的。在弗洛伊德那里，两者皆是。从现象学的观点来看，冲动的存在完全是不确定的。弗洛伊德所说的是（这至关重要），人们可以不通过生理而通过心理的方式抵达。因此，弗洛伊德可以说是叔本华的嫡传。叔本华已经将整个欧洲文化引向一种悲剧意识，正如我的妻子安娜在《叔本华与欧洲的文学创作》[1]一书中揭示的，在悲剧中，粗野的力量、无意识成为普遍存在的前提。19世纪末和20世纪初的所有这些伟大的创作者，都依赖于1881年出现的哲学困境[2]。然而，早在1806年，法国哲学家麦纳·德·碧朗就已经解决了这个困境，但是，由于他长期担任贝热拉克（Bergerac）[3]

---

1 ［译注］指亨利的妻子安娜·亨利在1989年发表的著作（Anne Henry, *Schopenhauer et la création littéraire en Europe*, Méridiens-Klincksieck, 1989）。

2 ［译注］1818年，叔本华的主要著作《作为意志和表象的世界》在这一年首次出版。

3 ［译注］贝热拉克，法国西南部小城，靠近波尔多。

小城的副市长，没有人能理解他所写的东西，必须要等待很长的时间，人们才意识到现代思想已经被囚禁在一个死胡同里，它本身是无力从中走出来的……

加利贝尔：

因此，您的现象学是将自己置于另一个层面？

亨利：

我的生命现象学的使命，并不在于取代各种关于世界的现象学。世界现象学有其自身的权利。在胡塞尔和海德格尔那里，有着对这个世界的异乎寻常的描述，但是，他们的现象学是片面的。然而，我们不能看到生命，是因为我们正体验着生命。我用上溯的方式来研究，在另一个区域开展研究。我的进展就体现为揭示一种现象性，这种现象性并不处在外在性的范围，而是居于我们之中，虽然我们看不到，却是一种不可见的现象性。这种非显现者的现象性，隐含着对希腊概念"现象"（phainomenon）的一种修正，这个概念的印欧语系词根 pha 意味着光——这种光，是世界的光，外在性的光，是关于人们所看见之物的光。笛卡尔认为我们看不到我们的深层存在。然而，谁不曾亲见自己的痛苦？谁不曾亲见自己的焦虑，难道这种焦虑只能通过一些外在的显现和症状来发现？我们之所是，是不能被看见的，但如果说，这就类似于说一张桌子是无感的，或者一块石头在路上，那就太荒谬了。我的研究成果就体现在这方面：意识到感受性是揭示的第一种形态，是实在的出现的第一种形态。

加利贝尔：

1996 年，您在瑟伊出版社出版了一部题为《我即真理》的著作，这本书指出基督教实际上也基于一种生命现象学。

亨利：

通过深化我的反思，我重读了圣保罗的文本和《约翰福音》。这次阅读再度让我心潮澎湃。我以前的发现，让我曾经处在一种生命现象学中。作为哲学家，我所思考过的，早在保罗和约翰的文本中就已经以一种比哲学家更直接的方式得到表述。他们改变了我的生存。于是，我写了《我即真理》——这个书名，暗指了耶稣基督的一句话——在这本书中，借助于我的生命现象学，我所做的就是去解释在我看来更早的另一种现象学。当然，我没有宣称可以把基督教简化为一种生命哲学。这是一种宗教，也就是说，它涉及许多人的生活方式。这种宗教要求他们的，并不是去思考这、思考那，而是去做。自从我在 1946 年与碧朗相遇之后，我就倾向于认为行动是比思想更本质的东西。在《新约》中，从来就没人说过"真理"是一种理性真理意义上的普遍真理，存在也没有被化约为这样的真理。这一点恰好对应于我的想法。对我而言，就真理也是生命而言，真理包含着一种自身性，因为活着就是去体验自身，没有哪种自身体验，不是在体验之中包含着一个自身。因此，出于一些本质性的原因，真理是与个体性相联系的。在《约翰福音》的著名的前言中，我们可以发现，上帝生成了一个自身，在这个自身之中，上帝体验自身，并且朝向自身揭示出来，这就是上帝的圣言[1]。

加利贝尔：

因此将这种现象学在应用到基督宗教的最大贡献，就在于揭示出，在宗教之中，内在性从逻辑上说就先于超越性？

亨利：

我们可以很清楚地看到，哲学家所说的绝对，宗教称之为上帝。然而，如果哲学家说绝对就是生命，约翰说上帝就是生命，那么他们就是使用不同的语言在言说相同的事情。因此，生命现象学并不是在基督教的教义实体上人为拼凑出来的哲学外壳。生命现象学只是承认，哲学的对象与宗教的对象是同一的。约翰不仅说上帝是生命，而且上帝也是爱，因此，约翰所给出的是一种情感的定义。

加利贝尔：

这个命题令人惊讶，它回到基督教的源头，然而，基督教神学却仍然停留在中世纪解释的枷锁中。

---

1 参见《新约·约翰福音》的开头："在起初已有圣言，圣言与天主同在，圣言就是天主。圣言在起初就与天主同在。万有是借着他而造成的；凡受造的，没有一样不是由他而造成的。在他内有生命，这生命是人的光。"（据《圣经》思高本）

亨利：

这个命题确实令人惊讶，因为它显然没有听从圣托马斯，因为圣托马斯的神学基于亚里士多德。我们的文化来自两大源头，这也造成了它令人惊奇的特点，以及它的优越性：一个是希腊—拉丁的源头，另一个是犹太—基督教的源头，这是两种极其不同的思想，但是，二者最终融为一体。两条河流的水，汇集到一起，尽管一条河流来自平原，另一条来自高山。我们是这种充满悖论却又无比珍贵的联盟的孩子，不应当任其遗失。我为这些作斗争，我并不是一个生活在象牙塔之中的人。

加利贝尔：

您的著作《道成肉身：一种肉身的哲学》，其贡献是否在于对作为肉身的生命的再次肯定？

亨利：

当《我即真理》出版之后，有人责备我太过诺斯替派，取消了基督教的"身体"面向。显然，神学家们并不了解我之前的著作，也不知道关于肉身的反思曾经是我的第一个研究主题。在这本新书中，我尝试解释身体（corps）与肉身（chair）的区分，因为人们总是从世界出发来理解身体，我们的身体作为世界中的一个物。一旦人们认识到，在人的根基之处有着生命，人们就可以理解到，肉身是某种印象性的东西，是能够通过生命而不是世界来解释的，局面就将完全地改变。这里涉及的是关于身体的构想的一种完全的颠覆。身体不仅不再是客观的，身体也不再只是一种主体性，身体是活的肉身。然而，确切说来，这正是在犹太—基督教的传统中隐含着的，因此希腊式二元论在犹太教中并不存在，在犹太教中人是一个整体，人的被承认的属性虽然有所不同，但这仍然是一种独一无二的自身。这种统一性在《旧约》以及基督教中就已经存在，在基督教中体现得还更多，因为圣言就是生命。在其书信的第一行中，约翰就说，圣言就是生命的圣言[1]，没有比这更清楚的了。希腊式的逻各斯有着完全不同的意义，经典现象学实际上是一种希腊式现象学。教会的所有教父，不论他们是否来自希腊，他们都最终选择了去信奉这样一种非希腊的真理。正是在这些教父那里，由希腊式身体过渡到基督教肉身，希腊式身体也是助产妇眼中的身体，或者当时的医生眼中的身体，基督教的肉身则是一个受苦的肉身，也是十字架上的耶稣的肉身。因此，这里涉及一种未被思考过的过渡，从一种基于质料和形式来构想的身体，过渡到在生命中产生的身体，并且其本身就是一个活生生的身体。

加利贝尔：

您谈到了两条河流，难道不正是两条河流的河水的差异，产生

---

1 ［译注］参见《新约·若望一书》（《圣经》思高本）第一句："论到那从起初就有的生命的圣言，就是我们听见过，我们亲眼看见过，瞻仰过，以及我们亲手摸过的生命的圣言。"

了笛卡尔二元论吗？我们说基督宗教是建立在肉身上，但是，肉身被文艺复兴时期的柏拉图主义歪曲，最终诞生了一种二元论。

亨利：

我要补充的是，伽利略借助德谟克利特对柏拉图进行了糟糕的解读。二元论的思想家认为，人，一方面是宇宙的物质身体，另一方面又是灵魂。这就是柏拉图的情况，但是，显然基督教并非如此。然而，《形而上学的沉思》[1]的计划是一个基督教的计划：证明灵魂不朽。但是，证明这一点极为困难，至少是证明灵魂为非物质的。然而，伽利略才刚刚肯定了他的那些基本命题，那个时代的所有科学家和哲学家都重拾了伽利略的命题，包括笛卡尔，在他从蜡块出发所建构的著名理论中[2]。从此，在笛卡尔这里，一方面有着精神，另一方面有着身体，身体应该通过几何学来认识，而不再是通过感性或者通过感受。这里涉及一个巨大的转向，正是在这一时期，犹太—基督教思潮被现代性打开了一个缺口。笛卡尔完成了这一转向，尽管并非出其所愿。在《欧洲科学的危机》[3]中的一个段落，胡塞尔注意到，笛卡尔的我思是两重思潮的源头：一方面，是关于人的先验定义，这种定义后继乏人——马勒伯朗士、斯宾诺莎、莱布尼茨并未理解这种我思；另

---

1 ［译注］《形而上学的沉思》即笛卡尔的拉丁文著作《第一哲学沉思集》译成法文时的法文书名。
2 ［译注］关于蜡块的分析，参见笛卡尔《第一哲学沉思集》中的第二沉思。
3 ［译注］指胡塞尔的著作《欧洲科学的危机与超越论的现象学》。

一方面，某种客观主义的、物质主义的科学思潮，这个思潮利用了一种几何的、数学的进路的方式，从而取消了人的存在的感性的、情感性的性质。对我而言，我并不会说这种科学是不合法的。在我看来，正如我在《野蛮》中所否弃的，不合法的是将这种科学视作认识的唯一类型，换言之，完全低估和掩盖了真正的生命，让真正的生命外在于所谓的进步。我们不要忘记，在基督教中始终保持为根基的东西，就是宗教实践，这种实践本身始终不曾改变。这种实践始终是围绕着圣餐开始的，并且总是意味着与耶稣基督的身体和血的一种共通（communion）。

加利贝尔：

斯宾诺莎并未理解我思，就此而言，您的思想与斯宾诺莎有怎样的联系？

亨利：

我首先要说，斯宾诺莎是在西方人中捍卫一种内在性的哲学的为数不多的哲学家之一。但是，让我与斯宾诺莎区分开来的，同时让斯宾诺莎与基督教区分开来的，在于他的内在性理论仍然是思辨的，然而，我的哲学是从一种现象学的认识来获得根基，这种认识在我们的生命之中检验一种生命，这种生命既是我们的又不是我们的。这种体验是在有限者之中完成的。我活着，但我的自我体验却是，我并没有把自我带入自我中。在绝对意义上，使我成其为自我者并非自我，然而我却对其有所体验并因而成为自己。在自我的根基之处，有着绝对者的某种类型的流动，人们也许能在实践一种充满苛求的生命方式中体验到这一点，即通过摒弃现代生活的世界中前所未有的自我遗忘和自我迷失。以前，人们还能够进行一种隐退的生活，进入到与沉默者的接触，而在超市这样喧闹的地方，这些事情不复可能……

加利贝尔：

在所有已知的哲学家中，您是那种以最系统的方式进行文本探究的哲学家，不论是关于基督教，还是关于精神分析，关于马克思主义。您关于马克思的解读，在 1976 年出版之际引起了不小轰动，然而您证明了一些最终为所有人所承认的东西：马克思本人的思想，在被人们运用的时候遭到了扭曲。

亨利：

对于马克思，事物的根基在于他所说的实践，马克思主义过于快速地将其转化为"社会实践"以形成社会，然而，马克思在其反驳普鲁东的著作中激烈反对这种社会。谈论"社会"，就在于追问，这个"第三人"是怎样的？难道人们见过"社会"挖掘出一道壕沟吗？"为此，必须有一些人"，他说。社会只是一个普遍的、抽象的术语，用来指一些具体的人。当然，这些具体的人，由于他们的职业活动，彼此差异极大。正是人的活动，将一位农民与一位工厂工人、一位办公室雇员区分开来，也就是说，"生命"由于其活动变得多样化，也使我们彼此间有所不同，虽然我们都是一些生命体。由此看来，马克思对经典哲学提出了一些具有确定性的判断：马克思认为，不再是意识规定着生命，而是与之相反，生命规定意识。通过"生命"，马克思理解了这种在经济上叫作劳动的活动，从《德意志意识形态》到晚年的手稿（这些手稿，在他去世后以《资本论》第二卷、第三卷之名结集出版），他一直重复地肯定说，劳动是一种活生生的个体活动，这一点是在形而上学上来定义的。劳动属于一种努力，一种辛劳，一种痛苦：大清早起床，穿过阵阵寒风前去上班打卡，如此等等。马克思为了进行他的分析，曾参考英国议会的调查。正是从个体化的生命及其努力出发，财富才得以产生。经济世界就其整全性而言，基于这些个人的生命。

加利贝尔：

难道不正是因为如您所说的，马克思是一位生命哲学家，他才会特别注意到，正如商品经济所实践的，货币取代了生命，然而生命并不是一种交换价值？

亨利：

马克思认为，人的原始存在基于一种原始的共产主义，即家庭的共产主义，在那里根本不存在交换。在一个家庭中，没有人会去测量另一个人的劳动，也没有人会为了吃饭和居住付钱。马克思理解了，自从社会群体想要交换他们的产品开始，劳动分工和交换就同时出现。正是从这个时刻起，就必须让这些人格的、个体的生存从属于这些交换尺度，而原本这些个人生存都是由某个人所体验到的一种努力。这就遭遇到一个宏大的问题：这些生存是不可测量的，正如克尔凯郭尔所说的。我的生存是我的，是不可化约的，它具有一种绝对的价值。于是，就必须进行一种取代，尝试着通过一些纯粹人为的、任意的手段去衡量这种努力，而这种努力原本是无名的，是隐藏在自身之中的主体性。

加利贝尔：

"人取所需，人尽其能"，这是一个著名的观念，人们很少强调这种观念优先照顾的是个人而不是社会？

亨利：

在其晚年的文本中，马克思想说的是，根据个体强壮程度的不同，完成一件劳动，所需要的努力并不相同。当一群人搬运煤炭时，那更为强壮的人，与虚弱的人，所体验到的是不一样的。然而，经济学并不考虑这一点。为了避开对个体生命的考察（这本身就是一种恶），人们不得不用一些客观尺度来取代这些生存，诸如完成这样的工作所要求的时间长度，如此等等。正是在这里，马克思已经开启了两种时间的区分，胡塞尔也将给出这一区分，即钟表所测量的客观时间与生命体验到的时间。对于某人而言，完成这样的活计，是一件快乐的事，甚至是一种幸福，而对于另一个人却是一件超出其能力范围的任务。所有的经济学都奠基于一种取代。量的取代：对于所有人，一天工作 8 小时，您在这段时间完成了有益的事情，有些人却没有完成。随后是质的取代：有质量的工作的时间。量化的工作和质化的工作，都是一些抽象，一些相对于实在生命而言的观念性，实在生命是具体的、主体性的、肉身的，专属于每个人，这就是他的感受性生命，他的痛苦。这里所涉及经济的先验生成，因为经济在社会中并不是一直存在的。当然，理想状态是一个无经济的社会，正如同在一个家庭中。真正的劳动是一种礼物，正如同当两位诗人互相阅读对方的诗歌一样。在他们的诗歌中，正是生命在言说，并且尝试着去理解生命自身的话语。

加利贝尔：

刚才您谈到了诗人；拓展一下您关于劳动的反思，如果存在一个领域，在其中经济的评价将会止步于生命之前，那就是艺术创作。

亨利：

正因如此，在一切生产之前，存在个体本身，个体是完全不可能被评价的。每个生命，既是一个奇迹，也是一个奥秘。声称通过客观的、可计算的尺度来对生命进行勾勒，这完全无意义。然而，一个与劳动者打交道的社会，确实是被迫这样去做的。因此，根据马克思，不需要经济的解决方案，根本不是共产主义；另一方面，一个物品大大丰盛的社会，使用的是一个家庭的形象，在餐桌上有着人人想要的一切。此外，消遣的社会对于马克思而言，完全不同于今人的观念。对于马克思而言，主动性对于生命是本质的，主动性也与生命共存。因此，一种不再具有主动性的生命，将是一种不幸的生命，陷于焦虑、烦恼和最糟糕的变质。因此，马克思既反对贪得无厌，也反对奴役状态。马克思谈到了一种社会，在这种社会中劳动对人而言是一种非功利的活动，从而让生命返回到生命的本质性的兴趣。马克思恰好命名了能给具体个体带来极深满足感的两种活动：审美活动和理论活动，在所有领域中的思想与创造。审美活动满足了人的情感和感性，因为生命并不是简单地被给予，生命是不断形成、不断建构，如同艺术家建构其作品的方式。这一切的到来，不仅在艺术中，也在思想的领域，在伦理的领域。人类不能只沉浸于越来越繁多的技术的宇宙中，除非这些技术是为人类服务的。

加利贝尔：

您的论著《野蛮》揭露了我们当代社会对技术的屈从，因此是您关于马克思的思考的一种延伸？

亨利：

是的。不幸的是，科学家们通常从中看到的，仅仅是对他们学科的批判，然而我的出发点，仅仅只是在当下的处境下，重拾并且发展胡塞尔在其晚年的伟大著作《欧洲科学的危机》中的观察：在17世纪初，在科学史上发生了一次巨大的断裂。直到那时为止，人们都还相信，世界是一个可感的世界，现实的世界带有颜色、气味、声音等。接下来，伽利略以某种方式重新提出德谟克利特的主张，从而肯定地说，这些物体没有颜色，没有气味，也没有声音，它们只是一堆物质和广延，具有一定的形式。然而，为了认识这些形式，存在着一种知识，就是几何学。这就预设了感性知识没有任何价值，最多只是具有一种实践上的益处，当您把手靠近火焰，能够避免手被烫着，但物体本身却不是滚烫的。因此，伽利略的命题就在于，不存在什么感性的知识，只存在一种关于世界的非感性的知识，后者只能通过几何学来认识。

加利贝尔：

我们的现代性所指向的笛卡尔主义，是否要归功于对伽利略式"野蛮"的强化？

亨利：

笛卡尔所作的补充在于，关于物质物体的几何学知识，能够用数学来表达。这是一个决定性的进步，它规定着现代科学，并且让现代科学实现叹为观止的飞跃发展。然而，笛卡尔也承认，人同时有一个灵魂，也就是说，那些属于感性、情感、生命和思想的层面的东西。在他的《第一哲学沉思集》中，笛卡尔提出了这两个命题。因此，他发现自己陷入了自己创造的困境，因为他本人对此作出了糟糕的诠释。他的二元论的悲剧，就在于这种二元论本来是存在意义上的，是一种物体的二元论。有着不可见的灵魂，以及物质的身体。人们一直都无法从这种二元论中走出来，因为心身医学（la médecine psychosomatique）所做的也不过是以另一种方式来命名二元论。但是，和胡塞尔一样，我尤其相信在笛卡尔之后存在一些分岔。某些人认为，知识就包含在关于物质身体的几何学—数学的知识中，他们把意识关于自身、关于生命的先验知识，以及人所形成的所有的"感受性"的知识，全都加上括号悬置起来。尽管他们没有说这类现实不存在，他们却说，他们并不研究这类现实。对于科学主义者，这些就变成一种表象。

加利贝尔：

因此，您主张另一种进路？

亨利：

实际上有另一种解决方案：我们的主观身体，从其主体性出发，从内部把世界看作某种抵抗着它的东西，抵抗身体的努力，正如麦纳·德·碧朗所观察到的。然而，这种行动以主体性的方式完成，所有这些从外部是不可能看见的。因此，必须将存在层面的二元论，转移到显现者层面的二元论。生命是在内部朝向自身显现，而在世界之中，生命朝向外部显现，作为客观的身体。人是一个经验的个体，是一个难以把握的原始现象的外在表象，处于先验层面：我从内部体验，这种就在此处的生命，从内部遇到我的不可见的身体，我的主体身体。这差不多就是我所做出的发现。我用感受性来取代理性，感受性在我看来才是真正的理性，因为理性只是事物的理性。如果各种不同的社会得以建立起来，这并非基于理性事实，而是出于另一种力量的指挥。如果社会的各个成员停止互相残杀，这也不是因为理性，而是因为某种东西反对这种互相残杀，即他们身上的生命。

加利贝尔：

您能否更精确地谈谈您所说的"存在论的二元论"？

亨利：

这种二元论，我最初称为存在论的二元论，如今称为现象学的二元论。现象学并不研究每个现象，而是研究使之成为一个现象的东西。让我们考察一下世界，我们在世界之中，能够发现所有类型的现象，当然有物质的事物，但也有逻辑的、算术世界的支撑。例如，您能够看到，$2 + 2 = 4$，或者"比……更多"的关系意味着什么。因此，有着一种基本的观看（voir fondamental）建构了一个世界，这种观看在一个空间中展开，也就是海德格尔意义上的世界，这是一种外在性。另一方面，如果您把一个差异的现象视作一种痛苦，那么这个现象并不在外部呈现，而是陷落在其遭受之中，正如自身无法与自身拉开距离。生命没有能力拉开这种距离，正是在这个意义上，生命的揭示完全不同于世界的揭示，在后一种揭示中，一切都与我拉开一定距离，甚至包括我们自己，作为世界中的存在者，也能够在一面镜子中看到我们自己。但是，生命、我们的焦虑、我们的痛苦，是无法从外部看到的。因此，必须重新追问客观和主观，这两种根本不同的揭示的方式的对立，主体性的东西就是这种对于自身的认同，人们无法从中摆脱出来，这也使得人们无法将其痛苦表象出来。

加利贝尔：

这是否让您分离出身体（corps）的问题和肉身（chair）的问题，身体就是肉身的客观化？

亨利：

身体是这种异乎寻常的现象，它以两种完全不同的方式给予我们：从内部和从外部。从外部，我能够看到、触摸、抚摸一个身体；从内部而言则是另一回事。我能够爱上另一个人，但是并不了解他，因为关于他的幻想是可能的，他进入到幻想的游戏，或者从中逃离。因此，在客观化的进路中，计划遭遇失败。但是在某一场所，融合是可能的，这就是主体性，生命在主体性中上演。肉身并不与自身拉开距离，然而，这种拉开距离对于身体却是可能的。在爱欲关系中，他人所欲求的身体，不仅是一个能够被看到的身体，还有他的不可见的身体，他的肉身和灵魂。在爱欲关系中，既有属于您的欲望，也有属于他人的欲望。这是我最近一本书《道成肉身》的主题之一，在这本书中，我尝试重新理解爱欲问题，并且表明现代世界的客观主义就其质料而言接近于窥淫癖，对于人的生存而言完全是一个错误，因为它忽略了爱欲的真正问题。

加利贝尔：

因此，我们远离了伊壁鸠鲁？

亨利：

伊壁鸠鲁的哲学，以及今天流行的所有哲学，扮演的角色就是力图让人遗忘他们的痛苦和死亡。伊壁鸠鲁选择了快乐，然而，一种生命现象学要追问的是：为什么是快乐而不是痛苦？快乐并不是绝对，快乐之给予自身，正如痛苦之给予自身。也就是说，必须回到这样的观念：存在一种根本性的潜能，即生命，因为生命是自我给予。然而，生命之中既居住着焦虑，也居住着快乐。甚至我们可以在克尔凯郭尔的脉络中继续追问，是否生命不只是焦虑的层面——让我们想一想基督教的表述："受苦的人有福了"……克尔凯郭尔说过，在绝望的最深处有着迷醉与欢乐。为什么快乐与痛苦相关联？因为在痛苦中的自我给予也已经是一种绝对的欢乐。

加利贝尔：

因此，您的哲学抵达了一种伦理学？

亨利：

我相信，哲学应该具有伦理学这一维度，理由很简单，一直以来，伦理学就是让生命得以可能的学问。奉献、创造的活动，是为了让生命完成自身的一些方式，这预设了生命并不是简单的东西。有一种错误在于，相信生物学能为伦理学研究开辟一条道路。生物学提供了一些方法，但并不提供目的，总是要由人去作决定，总是要由生命去作决定。"您不可杀人。"谁说了这句话，难道不是生命？这一禁令是一种积极的话语，因为生命说的是生命是无限的，而且这是一种先验的生命，而不是一种无活力的生命。有谁曾见过一颗电子变成了世界中的优胜者？伦理学问题只有从人的层面才被提出来。因此，就必须承认这个层面的合法性——不要忘记，正是通过某些先于人的东西来定义人，在这个层面，人们才置身于事实上的伦理领域。

加利贝尔：

因此，您在谈论宗教时，也如同在谈论一种伦理学？

亨利：

宗教（religion）一词的词源，*Re-ligare*，提供了一条线索：我的生命与绝对生命之间的一种连接。然而，这种连接开启了伦理学，因为对于同样的连接的体验规定着人们的生命，除此之外，伦理学并无别物。在这种连接遭到破坏的情况下，我仍然能够对连接有所体验，也能够给予这种连接全部的意义。各种宗教总是作为伦理规范，并非出于偶然，即使在今天，宗教遭受到一种危机，伦理学也是如此，这也并非偶然。在《道成肉身》一书中，我对人类的深层条件进行了反思，从而理解到我们的生命是一种有限的生命，而在宗教的这个范围内，生命是无限的生命。我们的自身并不能把自身带入自身之所是：我并不是由自己创造出来的，我在生命中降临，但并非由我来完成这种降临。有一种错误就在于，相信我应该将我的生命归功于我的父母；我的父母确切说来，处在与我完全相同的处境。一个自身在其自身之中的到来，预设了一种实在，这种实在我们称为形而上的或者绝对的，将我安置到我之所是的优越处境中，也就是说成为一个生命体。如果生命是变化（devenir），这是因为生命位于我们之所是的交汇处。我们不仅是一些生命体和有限的存在，而且是能够体验着某种无限生命的生命体，无限生命使我们在每个瞬间得以生存。我们的生命的存在理由就在于，在我们之中迎接这种无限生命，并且体验这种无限生命，可以通过各种不同的方式进行，既可以在创造的努力之中，也可以在修道院的孤独之中或者在奉献的简朴之中。

加利贝尔：

由此导出了基督教？……

亨利：

是的，因为基督教是质朴之人的宗教，而不是将拯救放置在一种超凡的知性理解之上的宗教，如同斯宾诺莎所说的那样，他所说的第三种认识仅仅属于少数人。一个做出如此简单行动的人，这个简单行动就足以让某种他者在他面前通过，并且让他获得某种超出他个人的东西。最谦逊的伦理学能够建立起一个伟大的回应。对于每个人的生命，这个问题都是开放的。

加利贝尔：

在哪方面，您的现象学有助于您个人的生活？

亨利：

我一直体验着哲学，把哲学体验为一种与我个人密切相关的东西。我在第二次世界大战期间开始了哲学思考，那时我也参加了抵抗运动。我那时想要回答一个问题："我是谁？"这个问题与伦理学相关，这个问题意味着："在我的生命中，我应当做什么？"然而，如果我不知道生命是什么，就无法回答这个问题。

加利贝尔：

在《看见不可见者》中——这本书是献给画家康定斯基的——您让我们理解到，在创造的领域，一个理想的人格是怎么样的：感性作为精神与身体之间的平衡点。

亨利：

康定斯基确实是这样来看待事物的。如果说他批判了用数学来对美进行定义的所有理论尝试，如黄金分割等，这是因为美的法则也就是感性的法则。我补充的是，感性是一种混合，既是朝向世界的敞开，也是朝向自身给予的感受性。康定斯基发现了这个根本性的特征。康定斯基说，对于人们而言，问题不再是描绘世界，而是描绘焦虑、对于死亡的恐惧、对于生命的爱，正是他的生命在体验自身，生命是他与世界的关系的钥匙。

加利贝尔：

谈到艺术，怎能不说说您作为小说家的活动呢？在您的生活中，小说写作占据着怎样的位置？您何以实现反思与感性之间的平衡？

亨利：

坦率地说，关于这种平衡，答案是否定的。很年轻的时候我就被文学和哲学吸引，二者分别是想象的世界与观念的世界。当时我就理解到，为了言说人，一方面要有伟大的创造的道路，无论这种创造是诗歌、文学、音乐、绘画还是建筑，另一方面还要有概念的诠释，这就是枯燥的哲学。很快，我也理解到，在一个人的短暂一生中，必须做出选择。在我眼中萨特是一个杰出的典范，他想要同时做两方面的事情，对于我们来说，在这两方面他都有着非凡的理智和才能，但是都遭遇了挫败。而且，国家科学研究中心（CNRS）不会支付报酬让我去创作小说，而是可以支持我去研究哲学。因此我做出了选择，毫无疑问，这并不是一个糟糕的选择，因为正是在哲学这个领域，我才是最有天赋的。在写了《青年军官》之后，我放弃了文学，心灰意冷。后来，哲学几乎耗尽了我的全部精力、全部时间、全部生命，仅仅是在一些极为短暂的间隔，为了满足遭到压抑的爱好，我才写了三部小说，第二部是《盲目的爱情》，获得了 1976 年的"雷诺多奖"。至于第四部小说，我是用娱乐的心态，写了一部侦探小说。小说与哲学并不处在同一个平面上，但是我让内心中被迫陷入沉默的另一个声音得以发声。

11　与古萨诺的谈话[1]

古萨诺（Sabrina Cusano）：

能否谈谈您和哲学的相遇，以及您哲学思想的形成和发展？

亨利：

我是在哲学课上遇到哲学的。那时，除了法国文学和英国文学，学习并没有让我提起兴趣——哲学对我而言，就像一个新颖而神奇的世界，观念的世界。但是很快，老师教我的东西，就无法让我感到满足。首先是新康德主义，然后是萨特的时代，通过

1　意大利电视台 R. A. I.（Radiotelevisione Italiana 意大利广播电视公司）在 2002 年录制的电视节目。这场访谈聚焦于亨利的最新立场：对于存在论一元论的拒绝，这种存在论一元论错失了主体的现实，将主体定义为意识与对象的关系，从而使哲学和现象学承担重负；关于马克思的实践概念；对技术的帝国主义式的发展的拒绝，这种技术取消了文化、自由和生命劳动；现象学的新导向，在基督教之中找到了标志。

萨特，我发现了海德格尔、胡塞尔、黑格尔，简而言之，发现了伟大的现象学。尽管现象学有着令人向往的特征，我渐渐在现象学中看到一些命题，与我所寻求的东西、与我之前之所是的东西相对立。但我那时已经知道，唯有通过现象学对人的条件进行定义，才是适宜的。因此，我很早就开始研究现象学，一直到发现了一种与世界现象学相对立的现象学，也就是说，我称之为显现者的二元性或者二重性：实在以两种不同的方式变成现象，对我而言，如果没有这种朝向现象学的二元论的本质性的参照，也就不可能理解我们之所是。随后，在我所遇到和处理的许多不同问题之中，我都揭示出这种二元论。马克思，也就是说社会现实，以及关于无意识，文化，艺术作品，历史现象学本身，基督教。我的作品就是如此这般地建构起来的。一定程度上，即使在今天，我觉得我还没有抵达研究的终点，终点是不可能抵达的，但至少我已经说出了我想要说的东西的本质部分。

古萨诺：

您是否对当代有一种悲观的看法，在《野蛮》一书中，您在结论中谈到了我们时代的危机，在过去的时代，从来不曾有过任何类似的情况，这是前所未有的；根据伽利略的定义而发展出的科学知识，渐渐地取消了生命的认识。这是否是一场反对伽利略的控诉？

亨利：

我首先要说的是，这里涉及的并不是一种对本来意义上的生命认识的取消，生命的认识内在于每一种生活样态，内在于我们每一个需求。一个饿了或者渴了的人，知道他饿了、他渴了，一个受苦的人知道他在受苦。一个有所欲求的人，体验到一种缺乏、一种不适，这种知识是不可置疑的。同样，一个人，看到了安排在他周遭的事物的颜色，听到一些声音，人们的喧嚣，他体验着所有类型的感觉，冷、热，等等。他也无法怀疑这些感觉，只要他体验着这些感觉。在这个意义上，没有什么可以反对这种生命知识。生命本身带着一种力量、一种不可战胜的确定性来言说。对于一个生命体而言，只要他还活着，就不可能消除这种关于生命自身的认识。

人们一直以来都相信周遭世界的实在，这个世界对于他们而言就是可感的世界。但是，如果他们一直相信这个可感的世界的实在，是因为他们从来没有怀疑所体验到的事物的在场，从来没有怀疑过他们的感觉。如果他们一直依据这个可感的世界来行动，这恰恰是因为他们一直依据他们所体验到的东西来行动，依据他们的饥饿、干渴，他们的需求、欲望和恐惧。

然而，由伽利略开启的科学革命规定了整个现代性，也就是说，可感的世界其实是一个幻相的世界，尽管人们的行动和知识长期以来都依赖于这个可感的世界——这些物体，既不是有颜色的、有声音的、有气味的，也没有热和冷：实在的世界由广延的物质组成，它们本身不具备任何可感的性质。能够把握真正的自然的知识，并不是感性和生命的认识，而是关于物质对象的空间形式的客观知识，也就是说几何学，正如笛卡尔后来所说的，这种知识能够用数学来表述。生命知识几乎是无法取消的，但是，生命知识被看作第二位的，或者说得更清楚一点，被看作幻相，被看作一种简单的表象，这种表象只是对于我们之所是的这些动物的偶然生物学意义上的组织（organisation）的结果。主观的、相对的知识，被认为是生命的表象，因此就应当让位于真正的知识，也就是新科学的知识。而且，正是这种真正的知识，即关于实在的客观世界的几何—数学化的知识，从此之后就应当指导着人的活动，确切来说，这正是发生在我们眼皮底下的事情，科学和技术的统治。这里有一种对权力的转移：从生命到计算机。

这是一场反对伽利略的控诉？是的，在一定意义上是这样——伽利略被几乎所有科学家追随，最终，他所发明的科学变成了普遍的信条。我所质疑的，根本不是关于物质世界的这种科学的、理性的、客观的知识的合法性，也不是其结果的实证性，我质疑的是这样一种信念，它认为这类知识是唯一的真正的知识——这意味着对生命的认识的偏离和遮蔽。

如果我们现在假设，正是生命产生了文化，首先是在其最原始的形式下，接下来是在一些高级形式，诸如艺术、伦理、宗教、一般意义上的精神性，于是对生命的偏离也意味着，对这种广泛文化的偏离。伽利略式的知识帝国主义得以野蛮生长，与之伴随的，却是对这种广泛文化的取消，正是在这里，体现出现代性的决定性和悲剧性的特征：野蛮。

古萨诺：

把握住生命知识，并且使之等同于实践知识，在您看来唯一有能力做到这一点的哲学家，就是马克思。您能否解释一下，对于马克思的思想，有哪些部分，是人们一直以来没有认识到的？是否仍然有可能遵循马克思的教导，尽管在他的名义下，在世界各地出现了各种事情？

亨利：

有两个理由，使我们能够理解在马克思的思想中长期以来有一部分遭到忽视。第一个理由在于，马克思的文本有着异乎寻常的历史。从 1842 年到 1846 年，马克思写下了一些根基性的哲学文本，《黑格尔法哲学批判》《德意志意识形态》等，这些文本对传统思想是一种真正颠覆，然而它们直至 1932 年才面世，几乎是在写作时间的 100 年之后。然而马克思主义却是很早以来就建构起来的。正是出于这个动机，许多马克思主义者，在法国，例如阿尔都塞学派，凭借着官方的基本原理的名义，宣称这些文本出自"一位年轻的德国布尔乔亚"之手。然而，在这些文本中我却发现，作为实践的人的全新观念的突然出现，也就是说，行动被理解为身体的行动，"主体的、个体的、活生生的"行动，这是对现实的定义。然而，这种身体的、主体的、个体的、活生生的活动，并不是别的东西，就是劳动，或者更确切地说，是"劳动的主体力量"，马克思将把劳动安置在一切经济分析的根基，从而让劳动在他的早期手稿中似乎是一切社会系统的生成者。同时，这些手稿仍然很少为人所知，也很少被评论。出于同样的理由，这些文本被称作青年时期的：因为他们与马克思主义不兼容。例如：对于马克思主义，现实就是经济的现实。但是，对于马克思，经济现实只是观念性、抽象、非现实的一种集合，人们用来取代实在的生命，而实在的生命本身是无法形容的、无法量化的——这样，恰恰是为了试图对劳动进行某种不可能的"计算"，从而通过这一中介，使得整个经济世界的测量成为可能。

因此，针对您的问题，今天是否仍然可能遵循马克思的教导，我的答案是，马克思的这种思想，将活生生的个体的情感的、主体性的活动作为现实的基础，使得我们得以理解，为什么金融资本主义和物质技术（二者互相支持）处于严重的失序和紊乱，也将风险重重，因为资本主义和技术到处都用观念性来取代个体的实际生命，从而将人类引向毁灭。

古萨诺：

在《欧洲科学的危机》一书中，胡塞尔揭示出，科学的所有观念和概念都指向可感世界，它们的任务就在于解释可感世界，但它们在自然中并不存在，而是出自一种观念化的程序，这种观念化是意识的一种行动。而且，这种意识的行动被胡塞尔称为"体验"（Erlebnis）。然而，您却说胡塞尔仍然没有走出古典思想的死胡同。为什么？

亨利：

实际上，胡塞尔将科学的整个发展，尤其是伽利略式的现代科学的发展，都关联到一种先验意识的活动，这种先验意识避开了自然主义。这种指向先验意识的关联，在胡塞尔的现象学里是始终保持的。这种关联不仅涉及科学与科学的观念性，也涉及一切客观性的可能形式，包括日常知觉、想象、回忆以及审美、文化、道德范围内的各种对象的形式，从而这种先验意识的自我（ego），即《危机》中所说的"在最后关头仍然在运转的自我"，显然就是一般意义的人类经验、一切"存在领域"的建构性原则。确实，另一方面，正如您所说的，这种先验意识被设想为某种生命，某种体验。

如果说胡塞尔仍因于古典思想的死胡同，这是因为，这种意识被理解为最后的生成者，本质上仍然是朝向世界、朝向组成世界的诸多对象性的集合。这种意识的"生命"就在万物的建构中消耗殆尽。如果意识不是与某个外部的意向性关系，那么意识生命本身是什么？胡塞尔并没有谈到这一点，他也不知道。在胡塞尔这里，生命仍然沉浸在某种"无名者"（anonymat）之中。生命不断地逃离先验的生命，先验生命的现象学的悖论就在于，这种现象学的一切努力就在于尝试着去超越和去反叛。这种尝试不是别的，就是"现象学方法"，即"现象学还原"，不断地被重复，又不断地归于失败。还原所追求的，确切说来就是去把握意识的先验生命及其本体。但是，这种生命，就是意识自身的生命，意识试图在一种明见性中，在一种观看之中——观看和领会（sehen und fassen）——来把握的生命，是一个对象紧接着下一个对象。一方面，还原是一种关于生命的反思。另一方面，胡塞尔并未将生命本身设想为别的东西，而是设想为一种意向性的生命。在意识流之中有一种自动揭示，但是这种自动揭示仍然属于意向性，它源于意识总是以意向的方式关联自身，正如意识总是以意向性的方式关联事物，总是在一种间距之中，并且归功于这种间距。在这里，我们清楚地发现，与我们的存在的基底相关的，是对存在论一元论的各种命题的坚持，我在《显现的本质》第一部分对这些都进行了批判。

古萨诺：

您的所有论题都致力于揭示出，从古希腊到海德格尔，某种关于现象性的构想规定着西方哲学的发展：现象，向自我呈现的东西，也就是在我面前的东西，归功于这种距离，我才能够观看和认识。在经典哲学中，意识就是使之放在面前的力量，从而使之能够观看，正如德语词 Vor-stellen 所意味的：摆放在面前。这种独特的前提，支撑着西方哲学，这也就是您所说的"存在论一元论"。您是否愿意解释一下，为什么海德格尔，作为关于存在论差异的思想家，毫无疑问他也取消了"意识"和"表象"的概念，但为什么他也未能逃脱这一批判？

亨利：

确实，海德格尔多次批评过意识和表象的概念，对它们有很多指责。意识和表象，让人处于经验的原则，从而让人成为主体，一切事物都从属于主体，而万物只不过是为着主体的客体。我思考，这意味着：我自我表象，也就是说，主体从自身出发，展开了一种对象性，这种对象性只是与主体相关、为了主体才有价值。从这个观点来看，海德格尔与现代人的这样一种自视为世界中心的观念是完全对立的——现代人的观念，也是犹太人的情况——而对于希腊人而言，世界并不是一个"对象"，而是一个"面对面"的东西，最终是一种自然（Nature），人属于这一自然，从而自然给人以澄明，而不是依赖于人并且连其存在都要有赖于人。然而，如果我们超越这种对立来追问现象学真正的主题，也就是说关于现象性的构想，我们就发现，现象性并没有被质疑，相反，现象性仍然是其所是。对于意识和表象的批评，在海德格尔那里，也是对于胡塞尔的意向性的批评。实际上，在胡塞尔那里，这种意向性是从某种自我出发而展开的，自我扮演着中心点、源泉点的角色，以及重新将先验意识安置为经验的原则。但是从本质上说，意向性对现象性而言是奠基性的，一种原始的使观看（faire-voir），这种现象性使意向性得以到来、使之投射到自身外，在某个世界的敞开中，这些是海德格尔哲学的主旋律，并且在《存在与时间》的第二部分首次得到彻底展开，在这个部分，现象性的出现被明确地等同于时间性，时间性则指向从外部到外部的到来，在三重的绽出的形式之下，即某种未来、现在、过去的绽出，此在（Dasein）不断地朝向这些时间性进行筹划。"时间性，就是自在和自为的外在于自身。"

古萨诺：

您批判存在论一元论，根据的是什么？

亨利：

生命。但是，即使生命能够拿来对立于世界的显现，其条件也在于，生命本身被理解为纯粹的现象性，作为现象性最原始的现象化。因此，这种现象学的生命，就其本质而言，就丝毫无关于作为当代生物学的对象的生命，也就是伽利略式生物学，根据这种生物学，生命只不过是同质的物质进程的某种集合，而物理学研究的这些物质，也完全外在于纯粹的现象性，相反，先验生命将其指示为现象化的原始方式。因此，问题就在于：生命的现象性在哪方面不同于世界的现象性？就此而言，世界作为差异、作为纯粹的外在化过程，向我们揭露的一切都显示为外在的、异样的、差异的事物。通过世界所导致的一切感发，也就是说要求着世界的一种显现，都是一种异己感发（hétéro-affection）。相反，生命所揭示的，就是生命本身。生命揭示自身，生命是一种自我揭示，一种自我感发。如果用别的术语来说，生命不是作为超越之物而揭示出来，不是作为朝向外部的超出，这种超出，是在某个视域的间距之中可见的；生命的揭示是在生命自身，不需要走出自身，这样就可以体验自身，而不是显示为其他的东西。生命的这种决定性的属性，在生命的每一种样态中都可以辨认出来，即使是在最简单的样态。这样，一个印象、一次疼痛、一种苦难，都能够体验自身、揭示自身。这种属性，说真的，并不由于每个印象的特殊性，人们既能够在愉悦或欢乐之中找到，也能在痛苦、不适、烦恼中找到。这就是生命，如其所是的先验的现象学生命，就这种生命作为自我给予、自我揭示而言，它将痛苦给予自身，这也使得生命向自身揭示，正如同一切其他的印象或者生命的样态。于是必须追问，这种具体的自我揭示、这种自我印象化的纯粹的现象学的质料是怎样的，正是在这种自我揭示、自我印象化之中，一切印象才可能。这就是感受性，一种原初的、纯粹的感受性，构成了生命的现象学实体，也是生命的一切可能的样态的实体，也因此就是一种情感的基调。

古萨诺：

您把内在性设想为感受性，但海德格尔不也将感受性设想为事物给予我们的构成方式之一？

亨利：

是的。但是，你说得很好：海德格尔把感受性设想为构成性的，构成事物朝向我们给予的方式之一。对于海德格尔而言，事物在世界之中给予我们，也就是说在这种绽出式的视域之中，根据时间性的三种绽出来开启其可视性。早在世间中的事物给予我们之前，感受性向我们揭示了世界本身，这种视域，海德格尔称之为虚无的视域。更确切说来，这里涉及的并非任意的一种感受性方式，而是"烦"这种基本的情调，向我们揭示出这种世界的虚无。烦之为烦，乃是因为烦使我们投身到未来的视域之前，而未来将有我们的死亡，死亡向我们揭示出我们被投射到这个世界，只是为了在这个世界中死去，从而由此视域回溯到我们的此在。

从"烦"这一基本感觉出发，海德格尔对感受性的这种分析留下了根本缺陷。一方面，海德格尔把感受性归为一种时间性的现象——尽管他否认这一点——但是在这里，他却错失了烦的感受性的本质。

在为我们揭示出世界之前，烦必然能够揭示烦自身，如果有着某种烦的现象，而不仅仅是在烦中被揭示的世界的现象，这种烦被纯粹而简单地设定为，不再是在自身之中被体验，而是在其感受性之中，也就是说在生命中并且通过生命而被揭示给自身。感受性，确切说来不是别的，就是这种自行揭示的纯粹现象学的材料，即生命本身。被简化为世界的现象，归结到其现象性，即归结到纯粹的外在性，在这里，没有什么触及自身或体验自身，也没有对于自身的受苦和享乐，感受性全都化为虚无。

古萨诺：

谈论海德格尔那里的超越，也就是谈论有限性（finitude）。这种有限性出自宗教的、克尔凯郭尔式的领域，从而才能在存在论层面以及在知识的层面提出。思想的边界是直观，以至于对一种无限的思想的假设最终变成了荒谬。您如何看待有限性？

亨利：

所有基本的哲学问题，都指向一个现象学底座，从这个底座出发，这个问题才能够得到理解。显然，根据在世界中的显现，还是根据生命的自我揭示，所获得的理解将极为不同。在海德格尔那里，有限性是世界的视域的有限性，正是这一光的场所，林中空地透出的这片光亮，是有限的。显现的是有限的，存在者只是在次级意义上才是有限的，根据这一光明场所中的无目的游戏，存在者是进入其中还是走出游戏。在生命现象学中，有限性应当基于生命来理解。生命是无限的、绝对的。但是，我并不是这样的生命，我只是一个生命体。只有在生命体与绝对生命的关系中，我们的有限性才能够得到理解。一方面，我是一个自我（un moi），一个活生生的先验自身，但并不是我能将自我带入我之所是，在此意义上，我是有限的，是一种根本意义上的有限性。只有在绝对生命的自我给予中，我才被带入自我，朝向自身给予，使得我成为一直所是的这个自身。我的有限性越彻底，绝对生命给予我的拥抱就越关键，这正是生命对自身的永恒拥抱。

古萨诺：

您所思考的生命，在发展成形的过程中，伴随着神秘主义者所说的绝对，我们看到，在您最近的著作中，您在基督教中重新发现了您的生命哲学。我们是否可以说，您很久以前就已经预见到了现象学在当下的神学转向？

亨利:

如果唯一存在的生命就是将生命本身带入自身的绝对生命,因此,如果正是通过绝对生命,才能给我以自我本身,那么激进的生命现象学所认为的生命,就类似于神秘主义者所说的绝对,也许可以与之等同。您这样说是有道理的,在我最近的著作中,生命现象学重新发现了基督教。我并不是从基督教出发,而是从现象学出发。因为,直到晚近,通过重新阅读《新约》的文本,我才不无感慨地发现,这些文本中所隐含的观点,也是我本人哲学的内在发展所趋向的那些观点:第一,把绝对(上帝)定义为大写生命。第二,肯定生命的进程就在于,作为在自身之中的到来,作为自身的体验,必然在自身之中产生一种自身性(ipséité),在这种自身性中生命才得以体验自身,并且揭示自身——这就是圣言;根据这样的方式,圣言并不是在这个进程的结尾才出现,而是属于这个进程,并且作为这个进程的完成的构成部分,与这个进程齐头并进,"在太初已有圣言"[1]。第三,我们所说的人,即我们每个人都是的活生生的先验自身,只有从这种生命的内在进程出发,而不是从世界出发,才能够得到理解。在我看来,当代现象学的"神学转向"并不是现象学的某种偏离或者变质,而是现象学的完成。

---

1 [译注]《约翰福音》的第一句,此处译文据思高版圣经。和合本此处译作"太初有道"。

古萨诺：

您的哲学是一种夜晚的哲学：通过这种哲学，您赋予生命一种高于思想的优越性。但是，思想能否思考生命？

亨利：

我相信，胡塞尔现象学最深刻的计划，就在于思考生命——胡塞尔倾向于将自我的先验生命与绝对者混淆在一起。现象学还原是一种需要不断重复的方法，以便实现这一计划，现象学还原处处遭受挫败、走入困境。在一种意向性的目光之中，想要通过思想抵达生命，这是荒谬的——这种目光，作为一种观看和领会（sehen und fassen），将我们投向外部世界，而在外部世界中根本没有生命。唯有生命，能够让我们进入生命，生命根据一种遭受到的直接性而揭示自身，这种直接性就是一种具体的自我印象性，一种"肉身"。与其说是思想让我们抵达生命本身，给予我们生命，不如说是生命才使每一种思想得以在笛卡尔所发现的直接性中原始地体验自身，正是生命让思想本身成为活生生的思想。用马克思的话来说——让我们回到开始的地方来作一个结束语——"思想只是生命的一种方式"。

米歇尔·亨利作品目录

亨利的作品，主要包括生前发表的哲学著作和文学作品，以及去世后他的亲友整理出版的遗著。在此列出他的作品目录，仅将书名译出，保留法文版版本信息。

哲学作品

- 《显现的本质》

  L'Essence de la manifestation, PUF, collection "Epiméthée", 1963 (réédition 1990)

- 《身体的哲学与现象学》

  Philosophie et Phénoménologie du corps, PUF, collection "Epiméthée", 1965 (réédition 1987)

- 《马克思》

  Marx

○ 第一卷：一种实在的哲学 *Marx I. Une philosophie de la réalité*, Gallimard, 1976 (réédition collection "Tel", 1991)

○ 第二卷：一种经济的哲学 *Marx II. Une philosophie de l'économie*, Gallimard, 1976 (réédition collection "Tel", 1991)

● 《精神分析的谱系学》

Généalogie de la psychanalyse. Le commencement perdu, PUF, collection "Epiméthée", 1985

● 《野蛮》

La Barbarie, Grasset, 1987 (rééditions: collection "Biblio Essais", 1988; PUF, collection "Quadrige", 2001)

● 《看见不可见者》

Voir l'invisible, sur Kandinsky, Bourin-Julliard, 1988 (rééditions: PUF, collection "Quadrige", 2005, 2010)

● 《物质现象学》

Phénoménologie matérielle, PUF, collection "Epiméthée", 1990

● 《从共产主义到资本主义》

Du communisme au capitalisme. Théorie d'une catastrophe, Odile Jacob, 1990 (réédition Éditions l'Âge d'Homme, 2008)

● 《我即真理》

C'est moi la Vérité. Pour une philosophie du christianisme, Éditions du Seuil, 1996

● 《生命与揭示》

Vie et révélation, Publications de la Faculté des Lettres et des Sciences humaines de l'Université Saint-Joseph, Beyrouth, 1996

- 《道成肉身》

  Incarnation. Une philosophie de la chair, Éditions du Seuil, 2000

- 《基督的话》

  Paroles du Christ, Éditions du Seuil, 2002

遗著

- 《自我给予：访谈与演讲》

  Auto-donation. Entretiens et conférences, Éditions Prétentaine, 2002,

  réédition Beauchesne, 2004

- 《斯宾诺莎的幸福》

  Le bonheur de Spinoza, PUF, collection "Epiméthée", 2003

- 《生命现象学》

  Phénoménologie de la vie：

  - 《卷一：论现象学》*Tome I. De la phénoménologie*, PUF, collection "Epiméthée", 2003

  - 《卷二：论主体性》*Tome II. De la subjectivité*, PUF, collection "Epiméthée", 2003

  - 《卷三：论艺术与论政治》*Tome III. De l'art et du politique*, PUF, collection "Epiméthée", 2003

  - 《卷四：论伦理与论宗教》*Tome IV. Sur l'éthique et la religion*, PUF, collection "Epiméthée", 2004

  - 《卷五》（未刊稿）*Tome V*, PUF, collection "Epiméthée", 2015

- 《访谈录》

   Entretiens, Éditions Sulliver, 2005

- 《马克思论社会主义》

   Le socialisme selon Marx, Éditions Sulliver, 2008

- 《为了生命现象学》

   Pour une phénoménologie de la vie-entretien avec Olivier Salazar-Ferrer, suivi de *Perspectives sur la phénoménologie matérielle par Grégori Jean & Jean Leclercq*, Éditions de Corlevour, 2010

文学作品

- 《青年军官》

   Le Jeune Officier, Gallimard, 1954

- 《盲目的爱情》

   L'Amour les yeux fermés, Prix Renaudot, Gallimard, 1976, et collection "Folio", 1982

- 《国王之子》

   Le Fils du roi, Gallimard, 1981

- 《泄密的尸体》

   Le Cadavre indiscret, Albin Michel, 1996